AF544868

Photos: Ken Cohen ; Douglas M. Parker Studio, Los Angeles; Ellen Page Wilson ; Nick Rozsa; Barbara Krakox Gallery, Boston; Blum Helman Gallery, New York.

Distributed in the United States and the English-speaking world by MIT Press,Cambridge, Mass.

© Editions de La Différence.
All right reserved
Co-published in France with Editions de la Différence, Paris.

ISBN: 1-878552-00-7

Library of Congress Catalog Card Number 91-90046

This book is the first in the series la Vue/le Texte.

Manufactured in France and Italy, 1992.
First edition: portmanteau press, 338 West 12th Street, New York, N.Y. 10014.

PHILIPPE SERGEANT

DONALD SULTAN APPOGGIATURAS

II

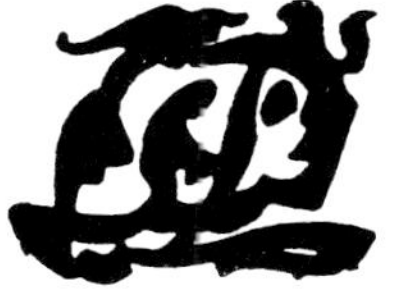

portmanteau press

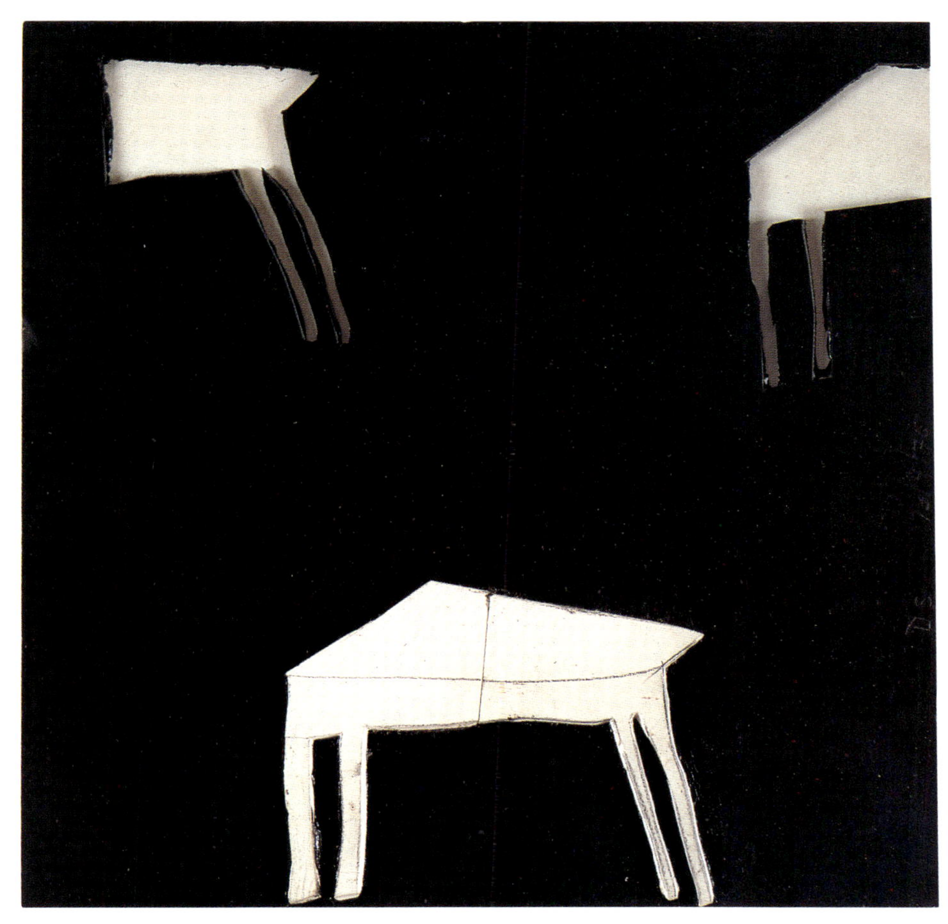

1. *Three Tables, 10/4/76*, 1976.

2. *China Star (Opening Diplomatic Relations with China), December 16, 1978,* 1978.

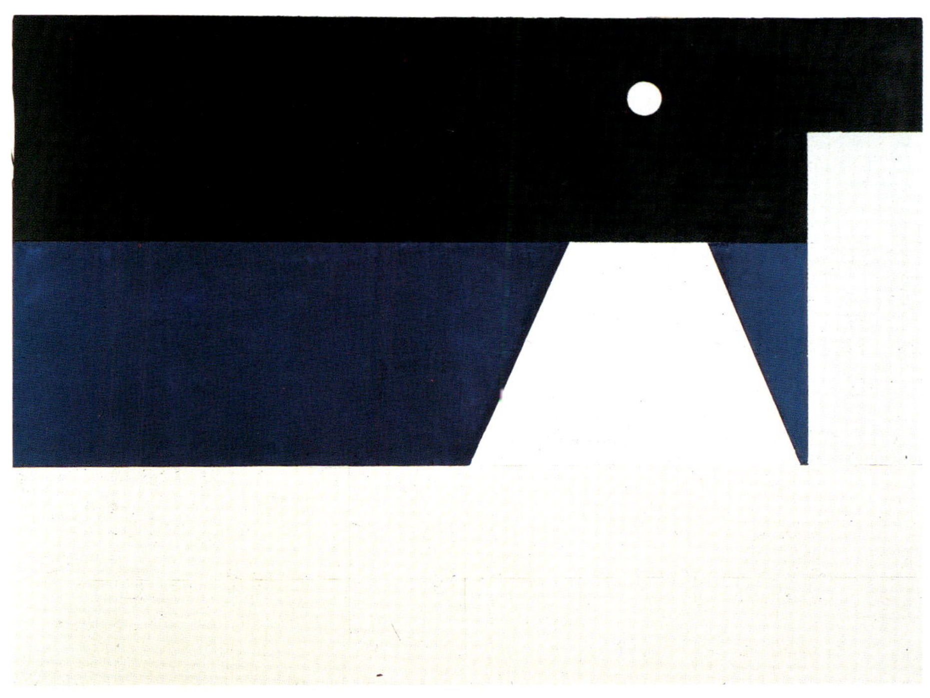

3. *Moon/Moonbeam, October 20, 1981*, 1981.

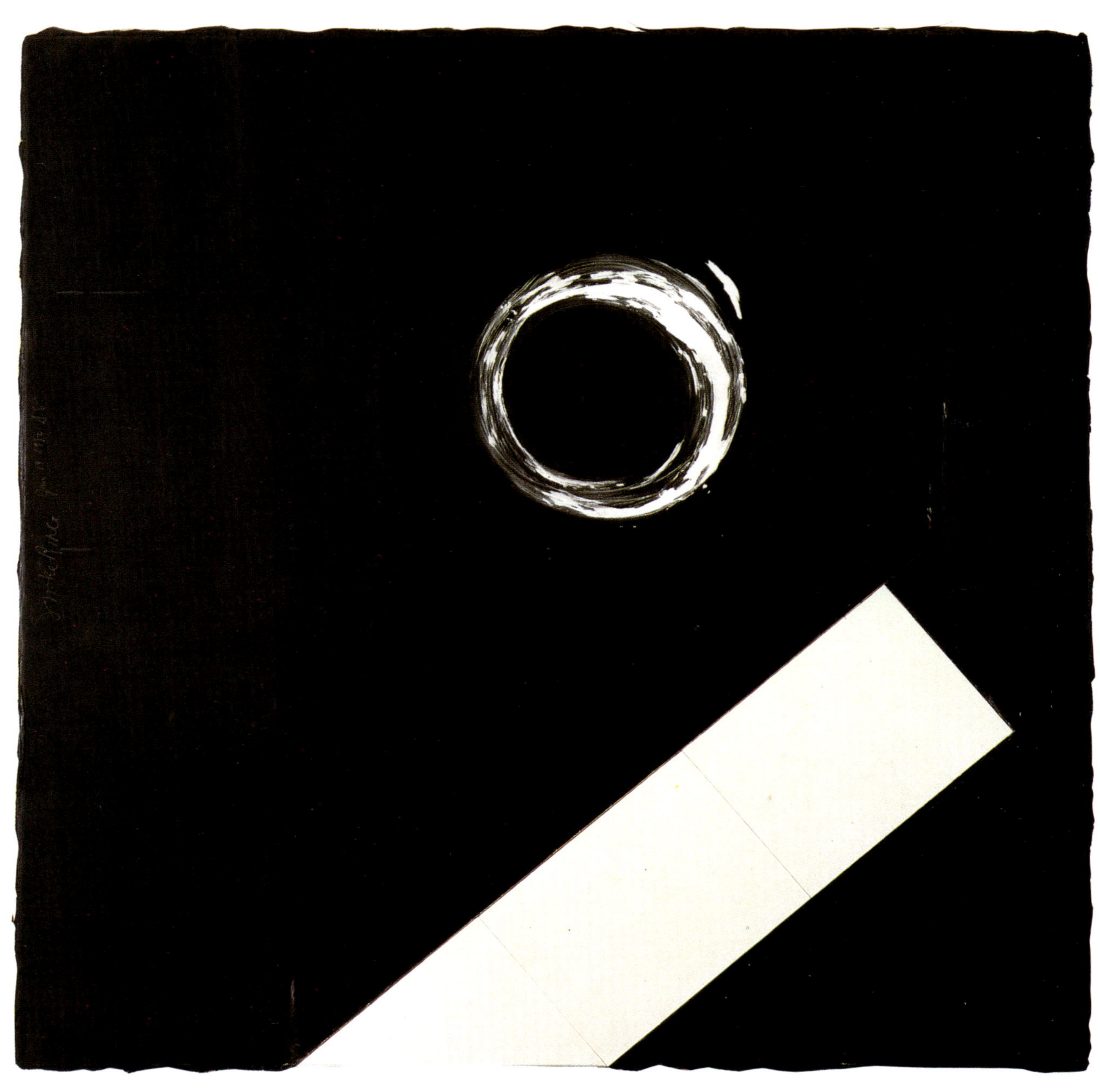

4. *Smoke Ring, January 19, 1980*, 1980.

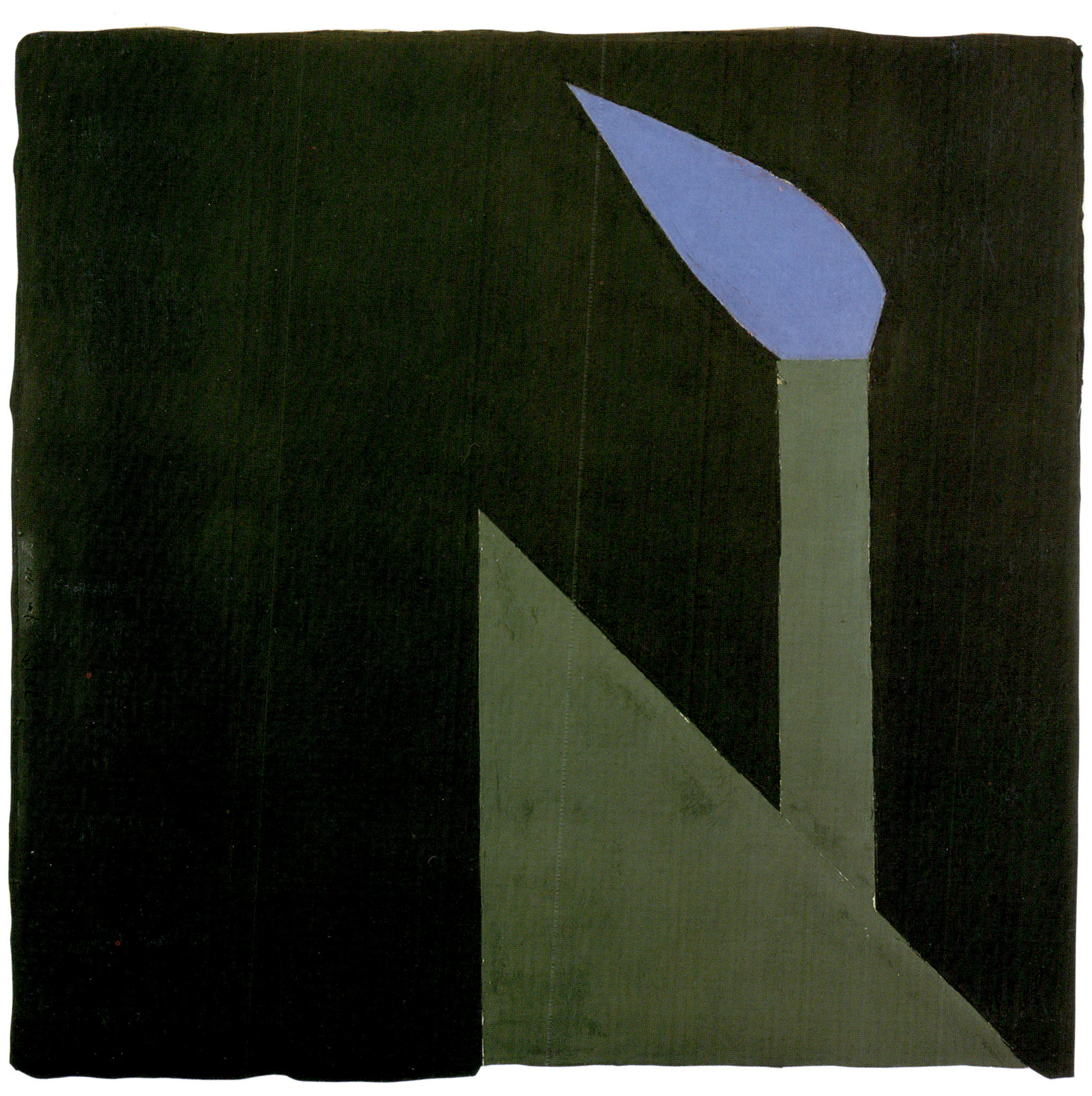

5. *Iris/Gasflame, January 1981*, 1981.

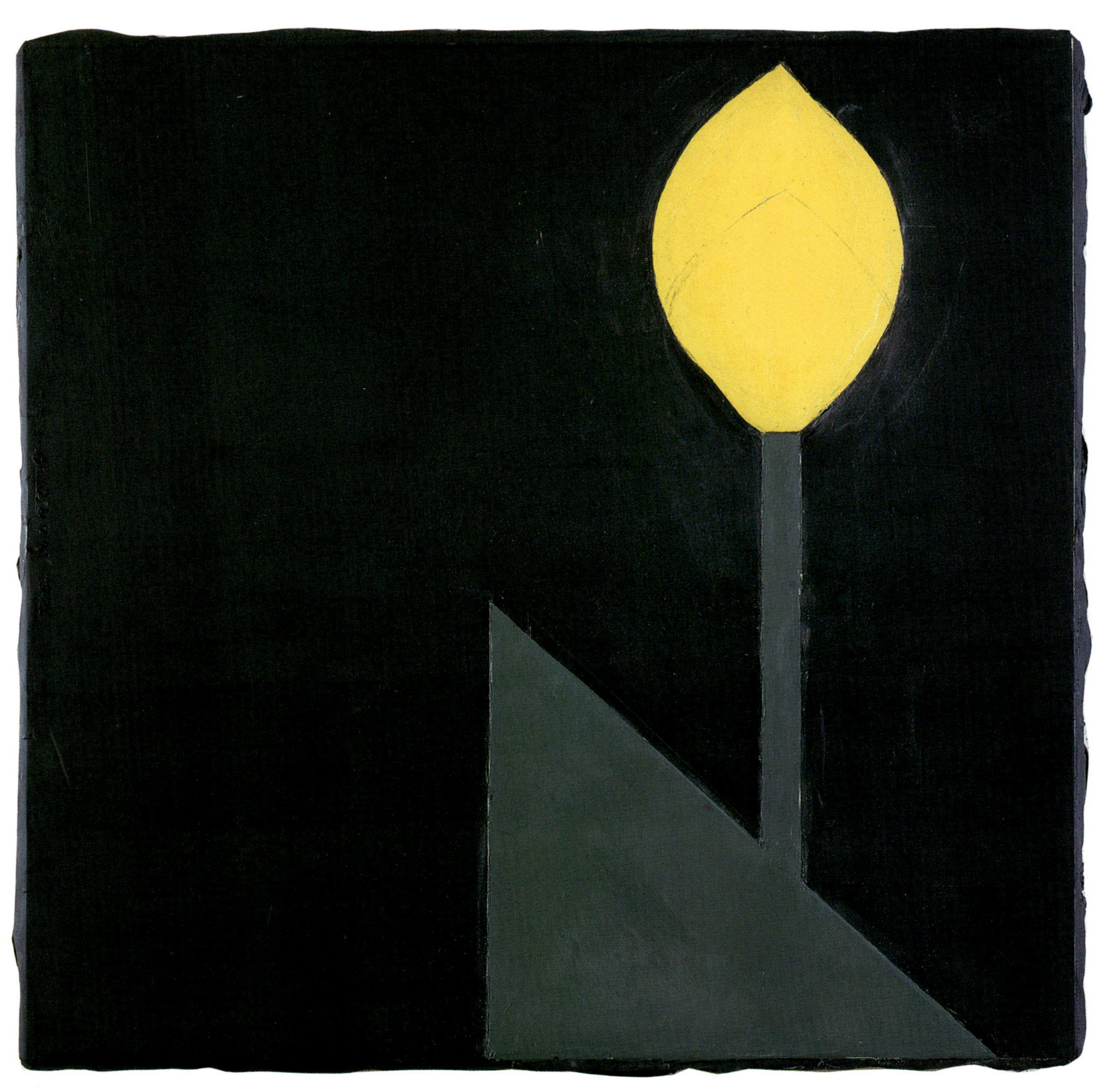

6. *Yellow Tulip, November 21, 1981*, 1981.

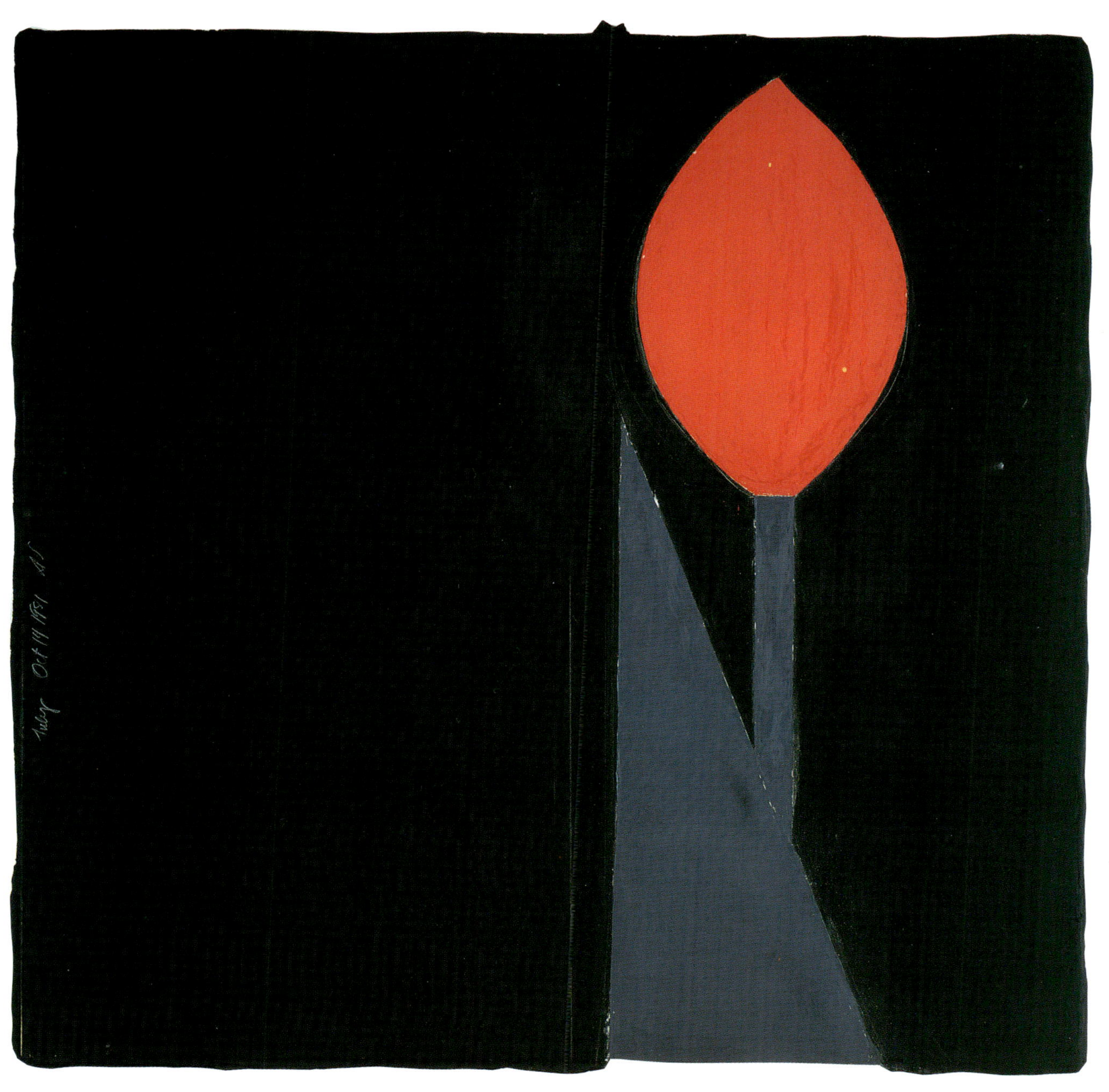

7. *Tulip, October 14, 1981*, 1981.

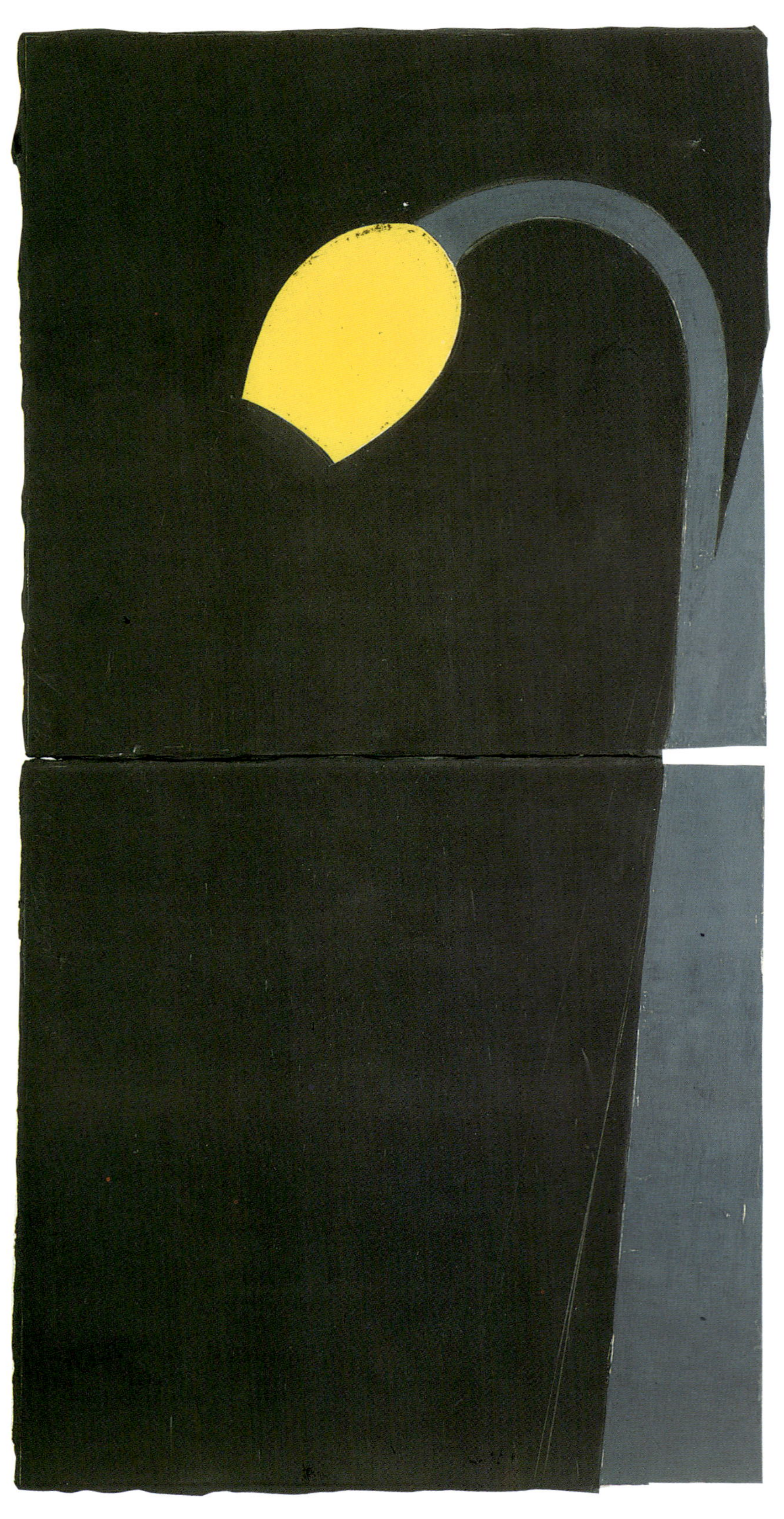

8. *Yellow Tulip, November 10, 1981*, 1981.

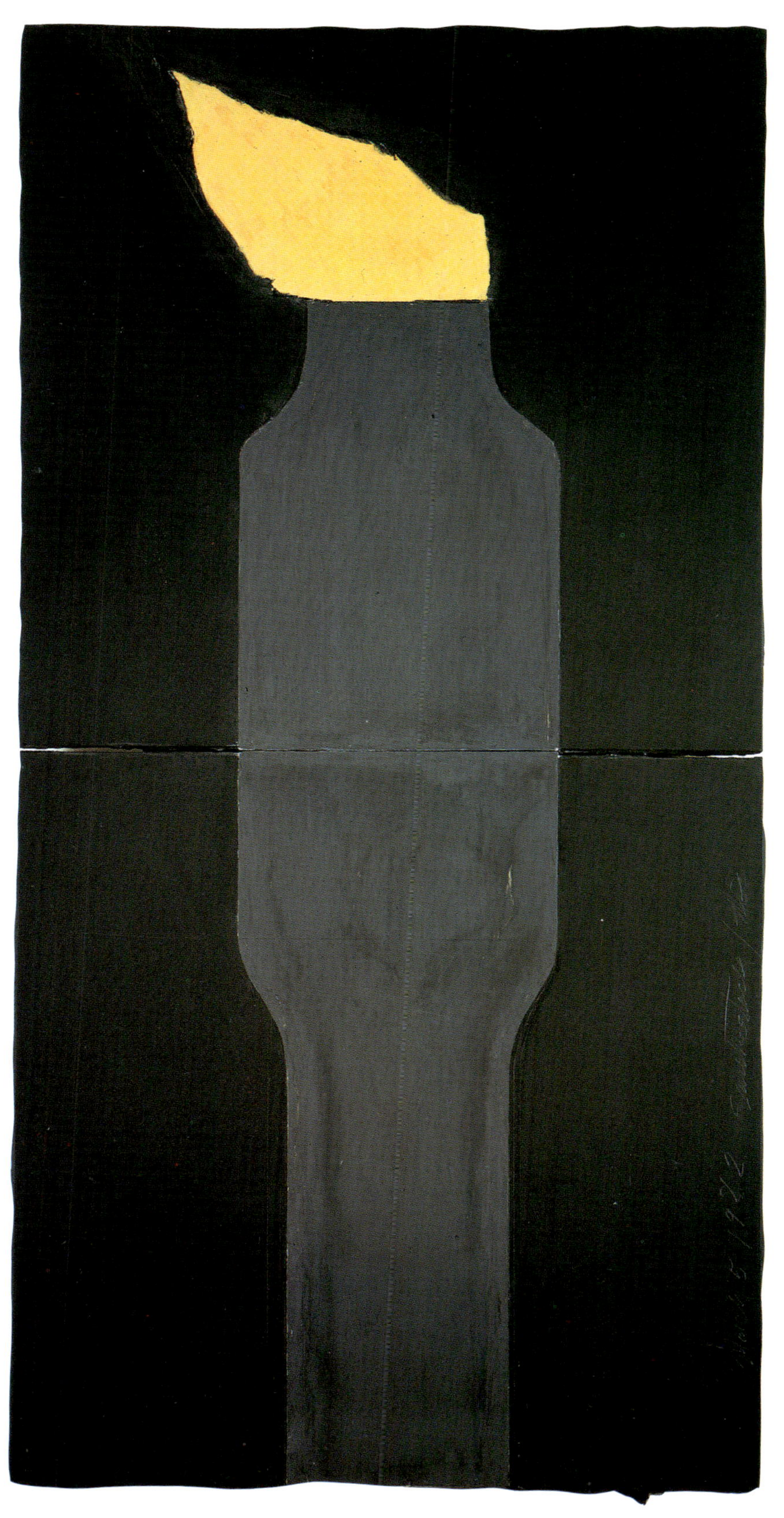

9. *Smokestack, March 5, 1982*, 1982.

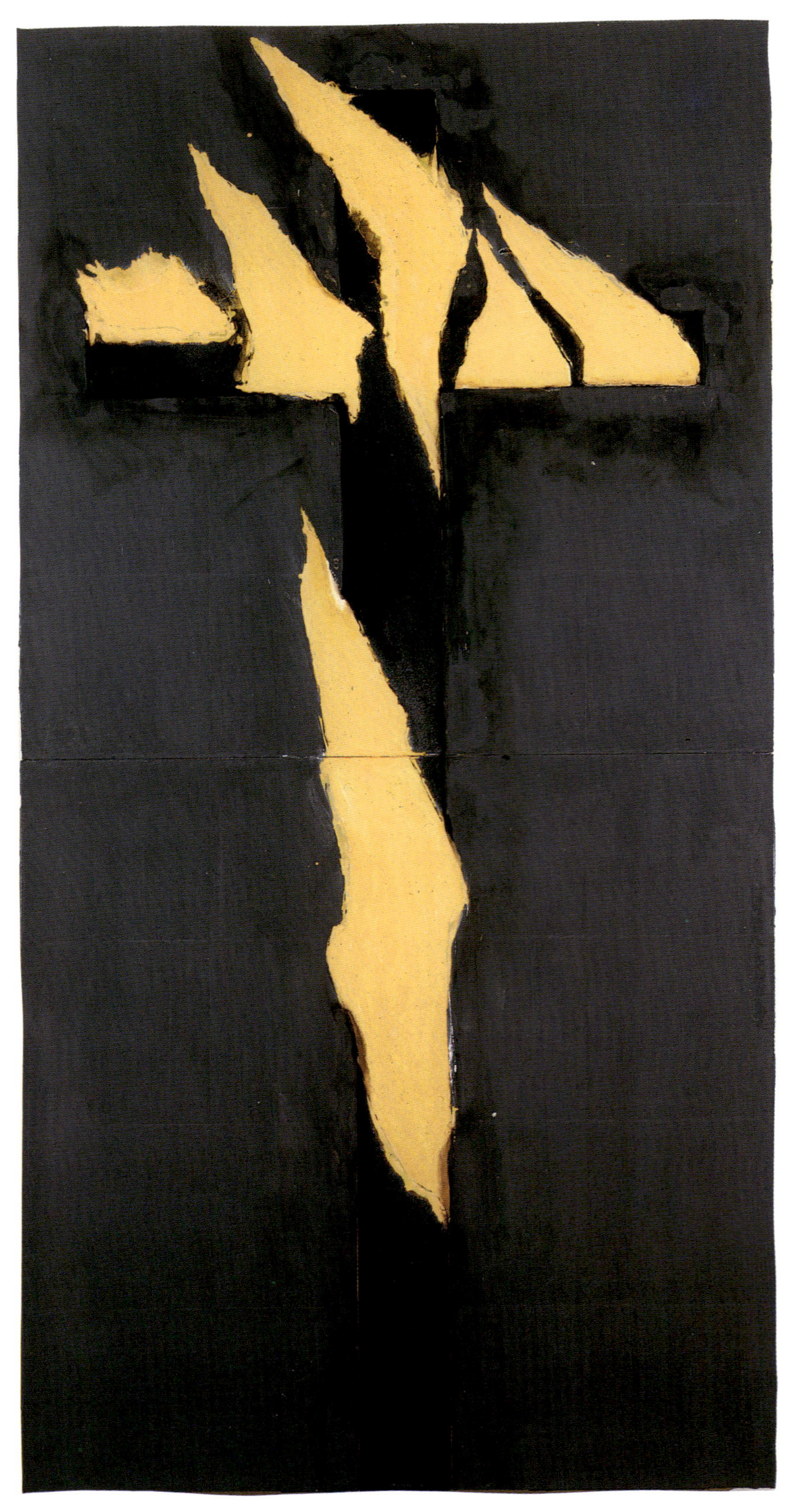

10. *Burning Cross (against Seduction), October 6, 1982*, 1982.

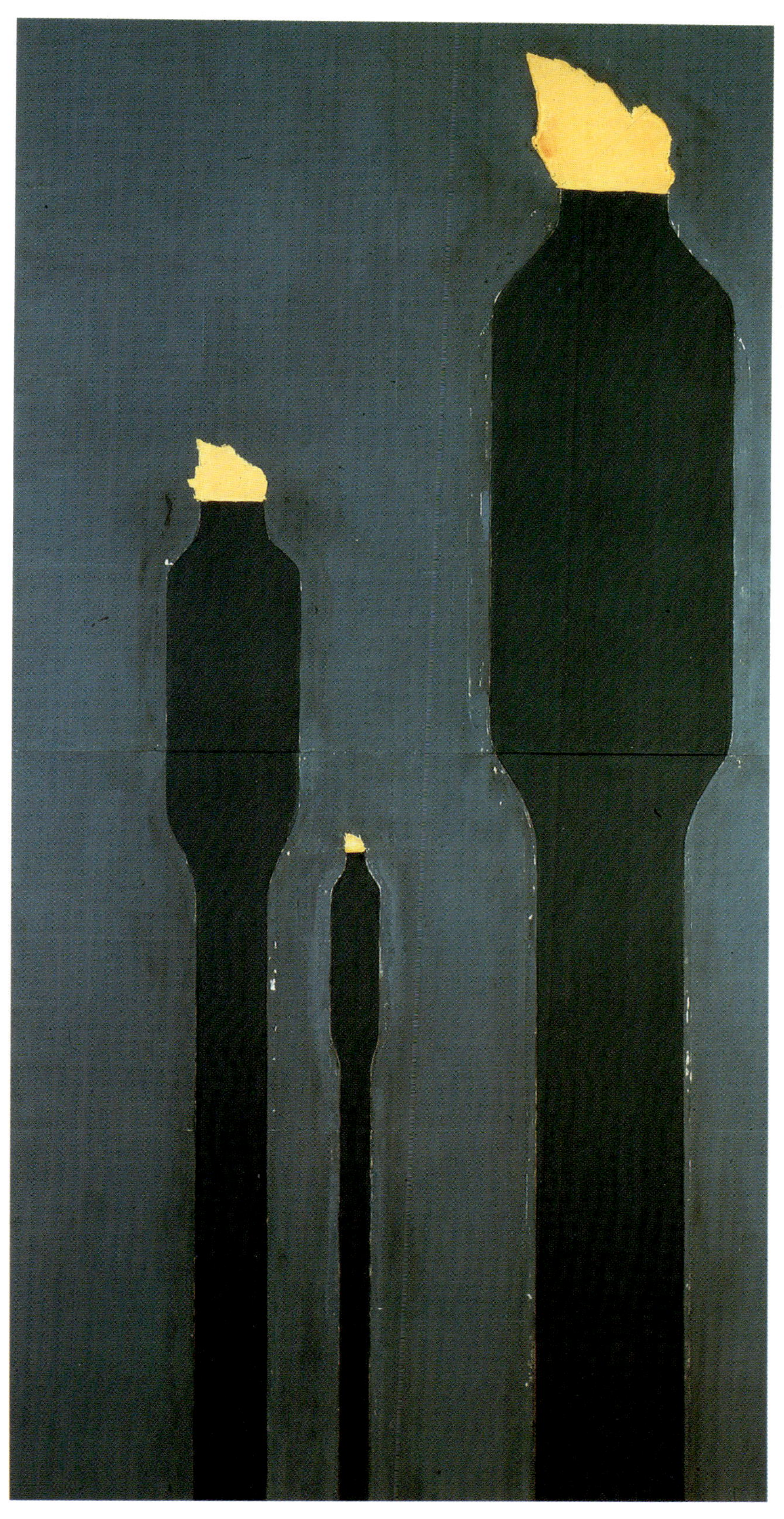

11. *Smokestacks, April 6, 1982*, 1982.

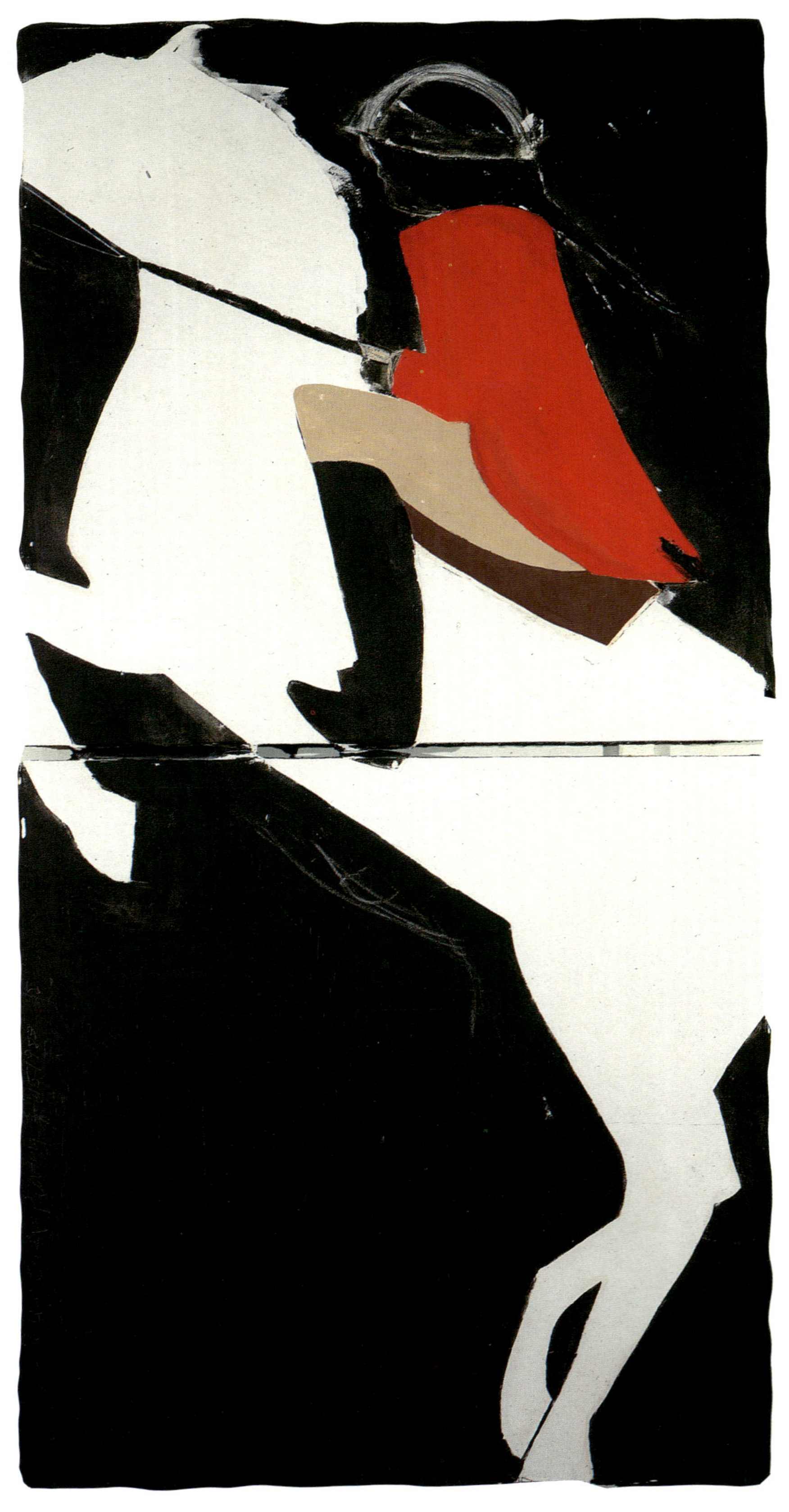

12. *Equestrian Painting, February 15, 1983*, 1983.

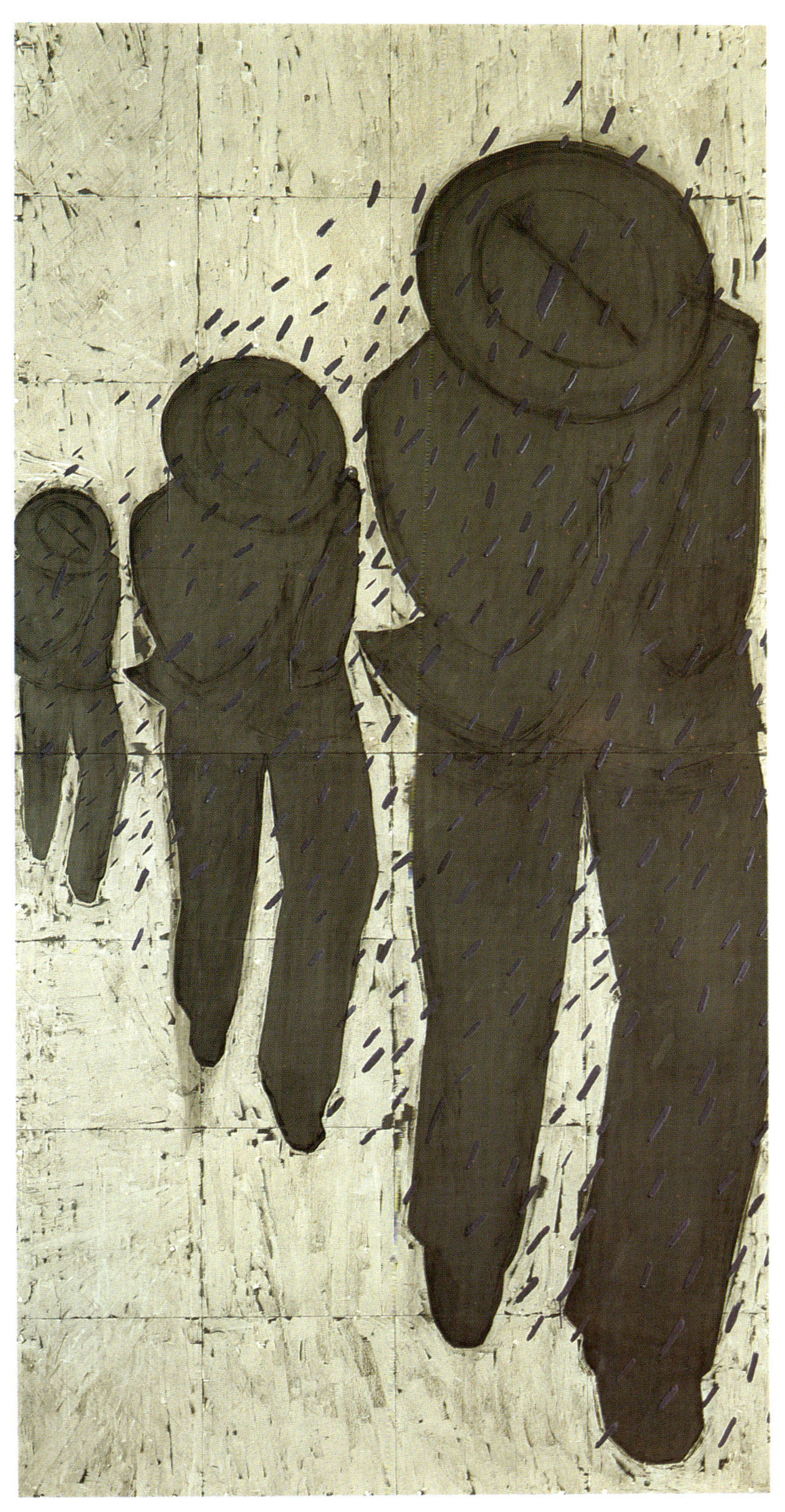

13. *Rain (3 figures), July 8, 1982*, 1982.

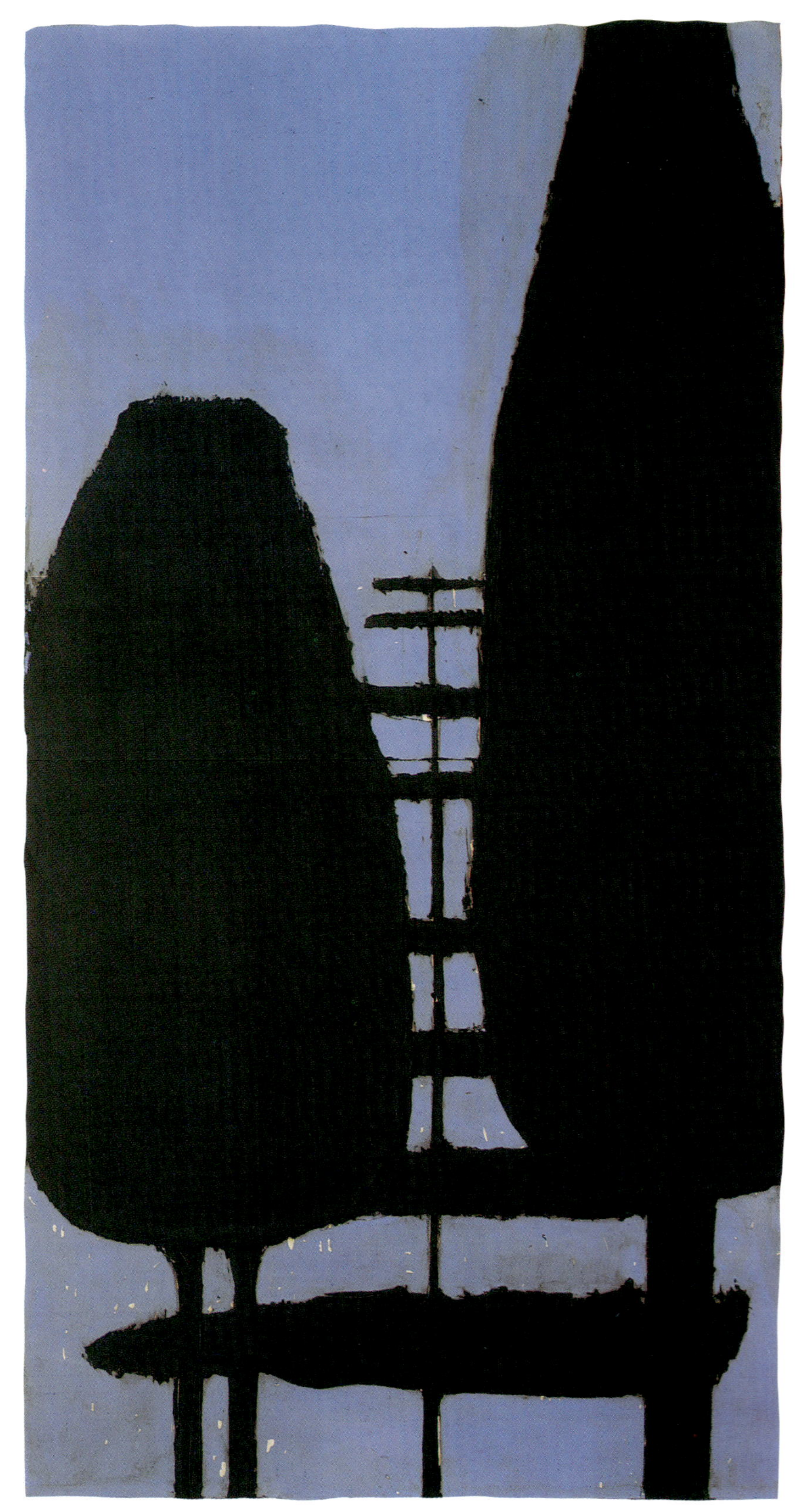

14. *Trees, November 18, 1982*, 1982.

15. *Street Light (Pink/Grey), February 7, 1982*, 1982.

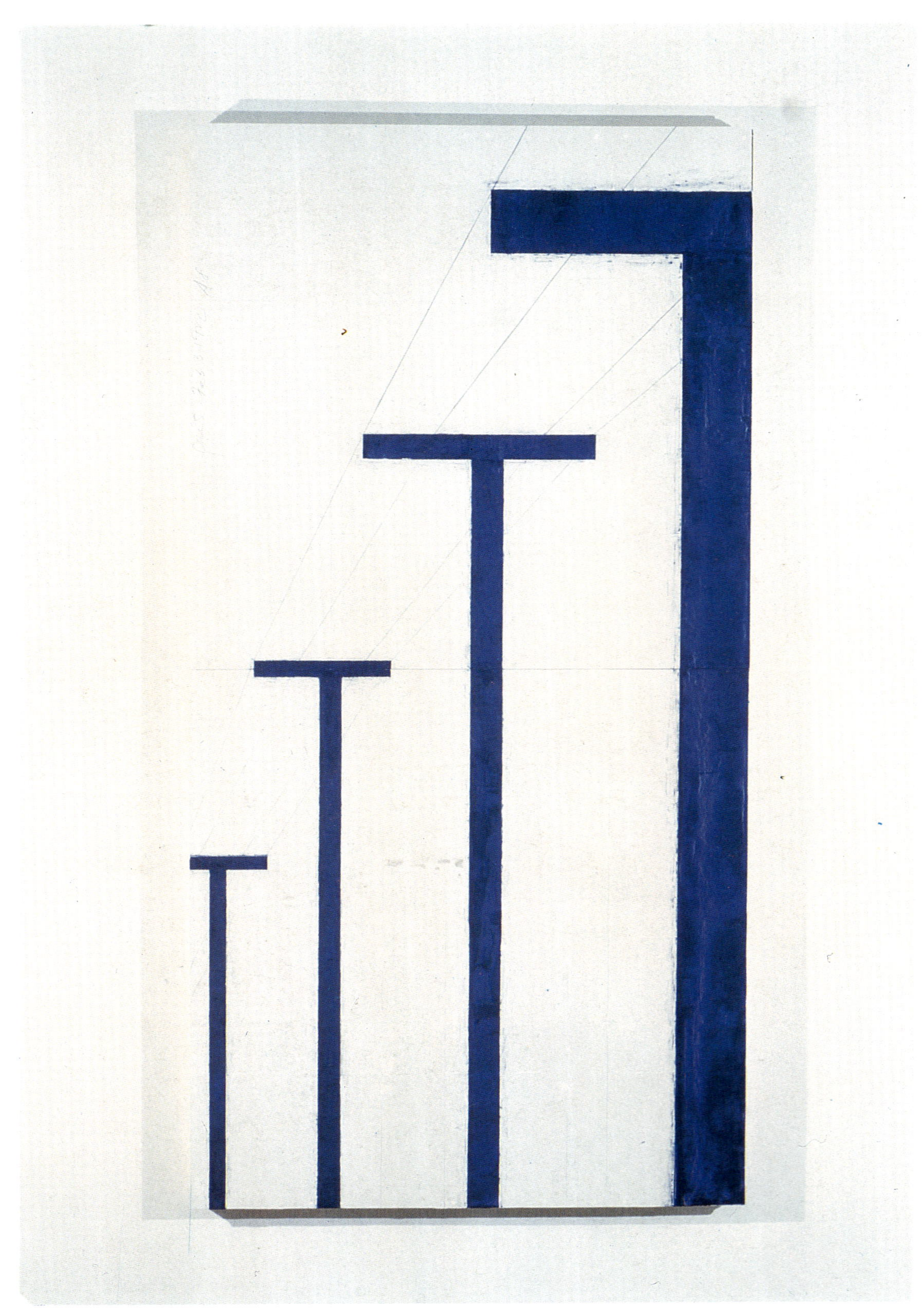

16. *Poles, February 3, 1982*, 1982.

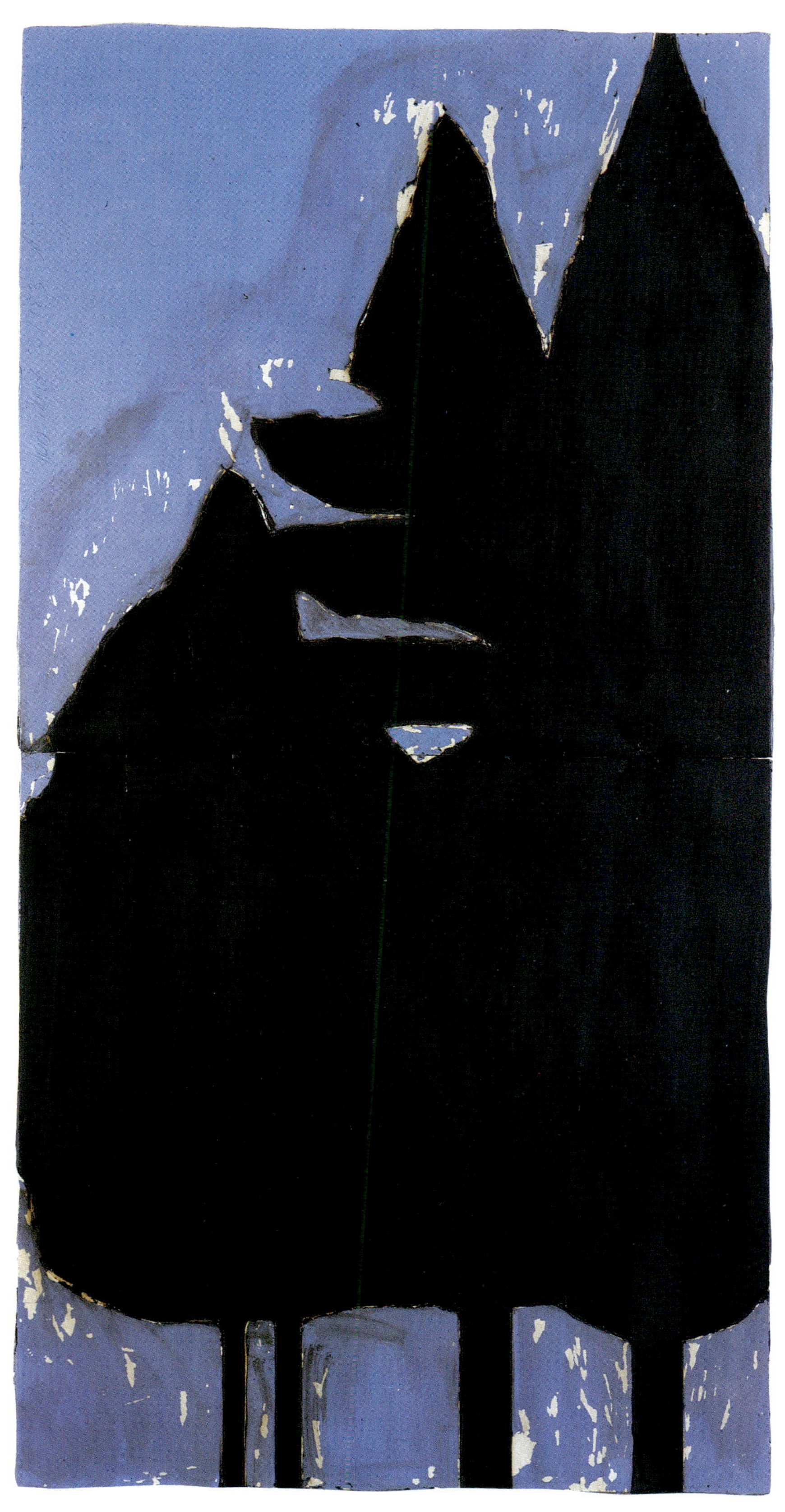

17. *Trees, March 20, 1983*, 1983.

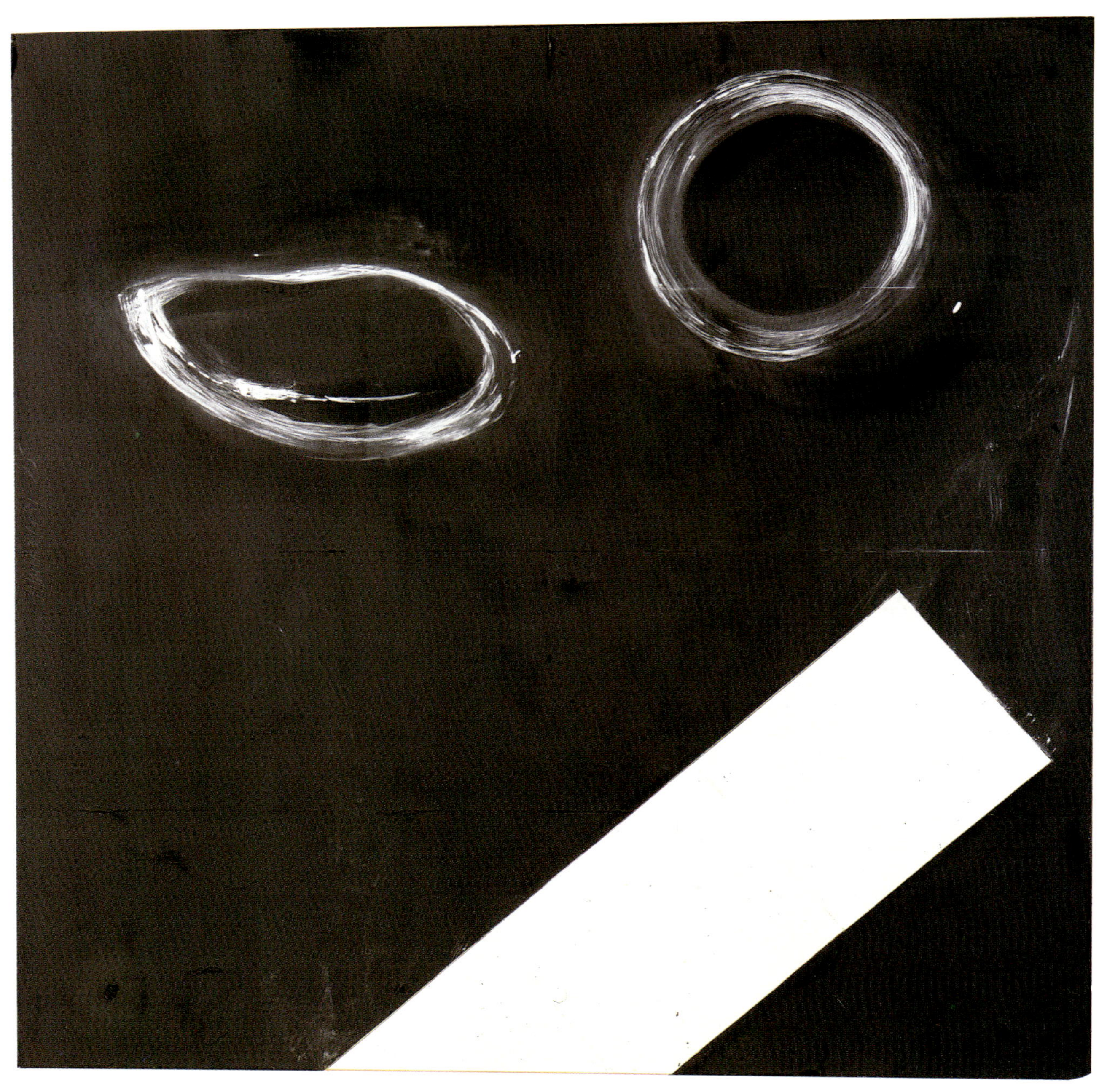

18. *Smoke Ring, March 3, 1981*, 1981.

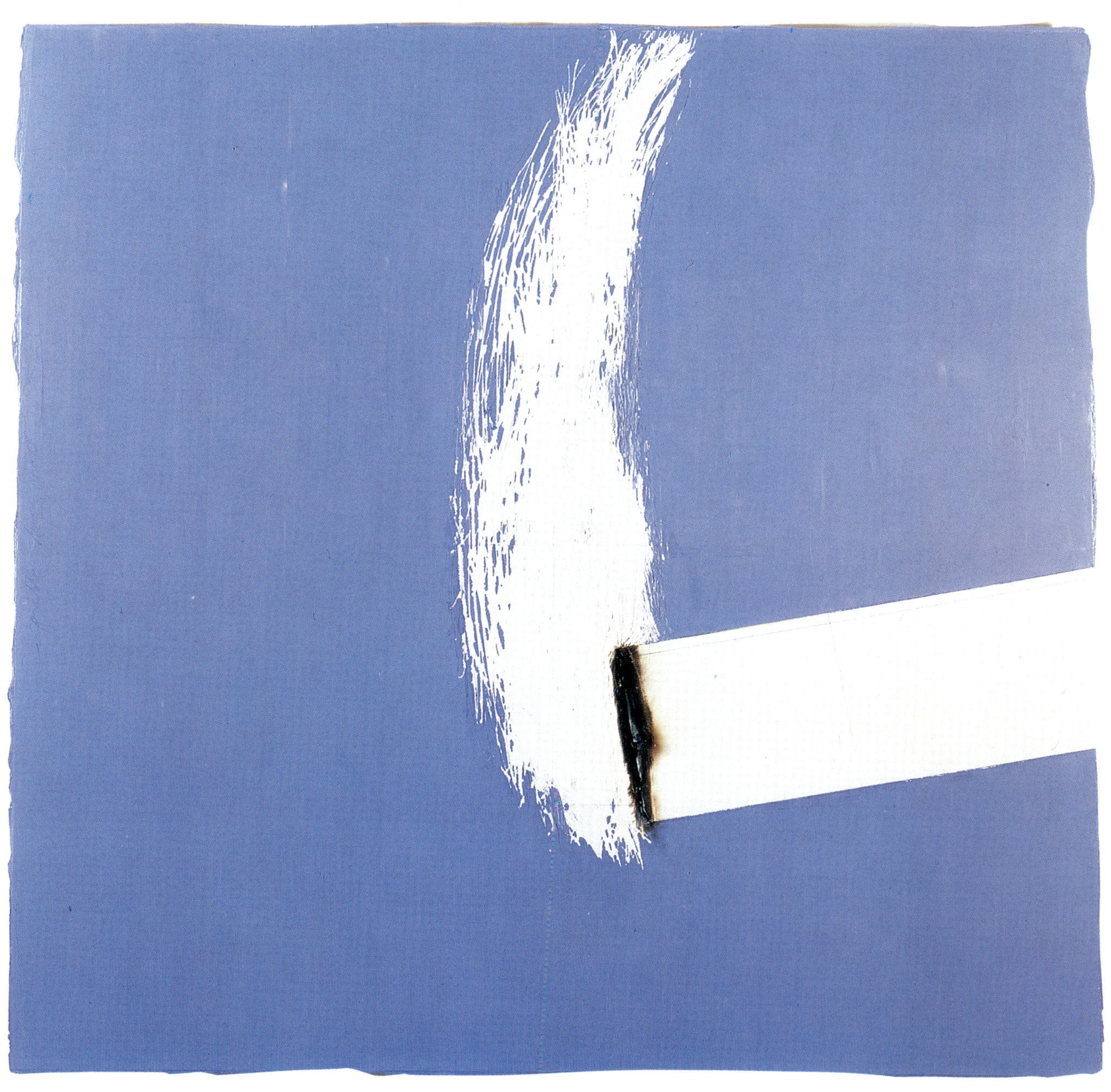

19. *Cigarette, December 5, 1980*, 1980.

20. *Building Canyon, June 22, 1980*, 1980.

21. *Cigarette, December 6, 1979*, 1979.

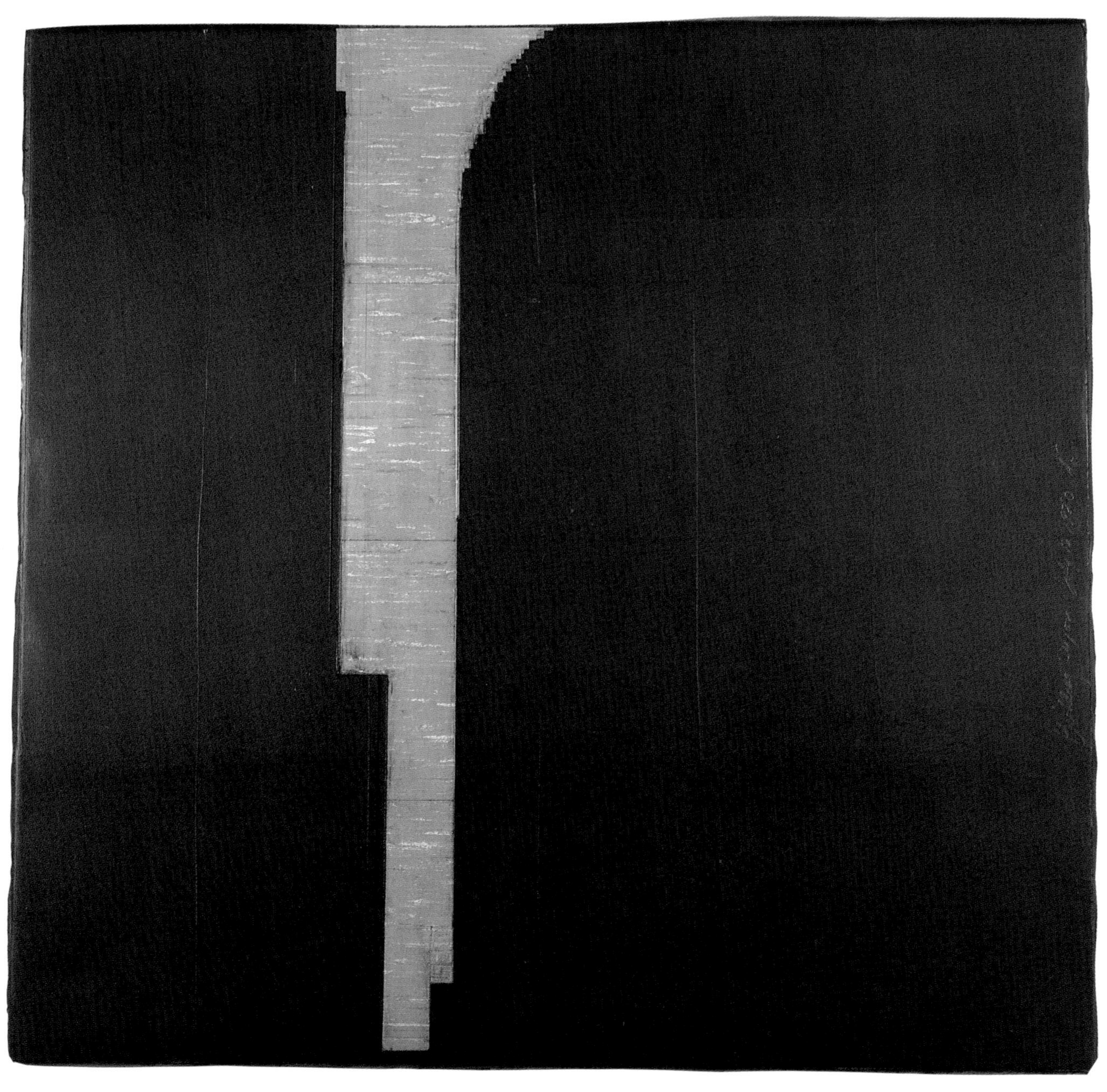

22. *Building Canyon, July 16, 1980*, 1980.

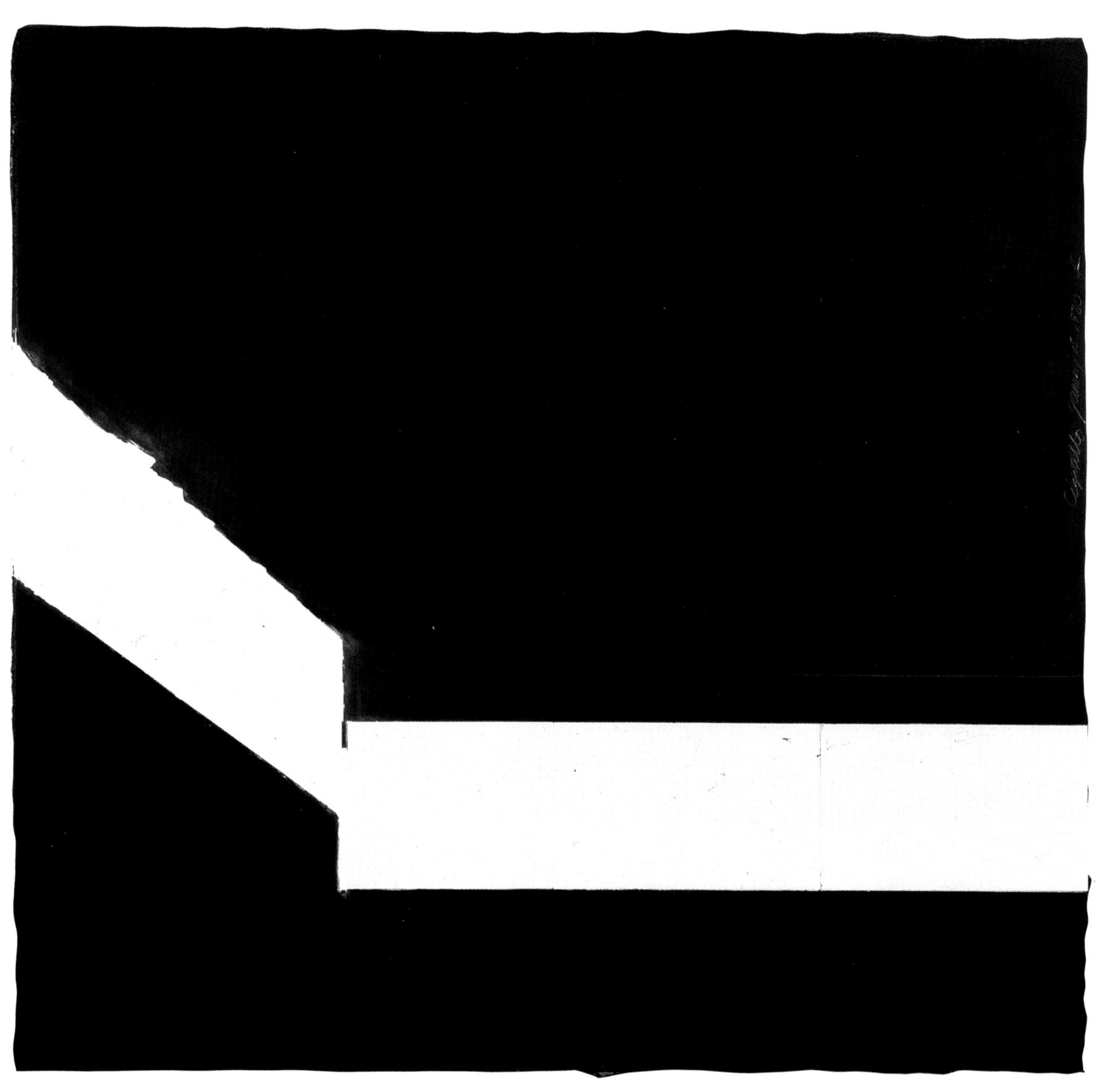

23. *Cigarette, January 15, 1980*, 1980.

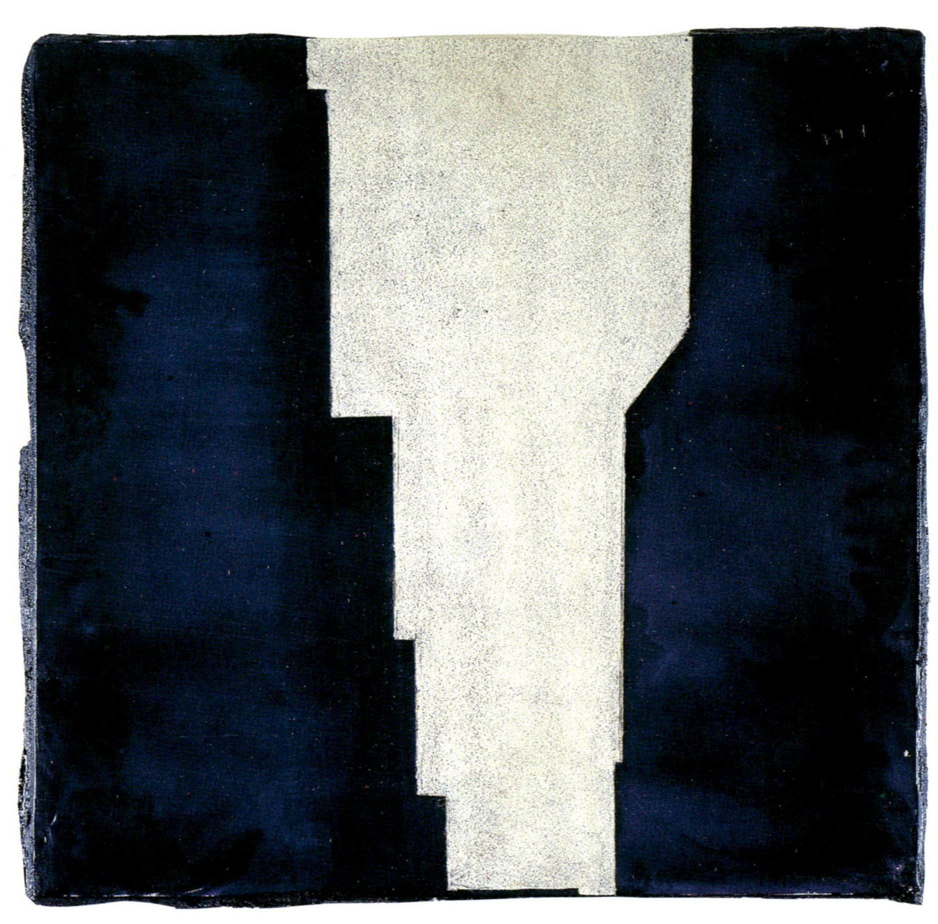

24. *Building Canyon/Eight form changes for Reginald Marsh, April 19, 1977*, 1977.

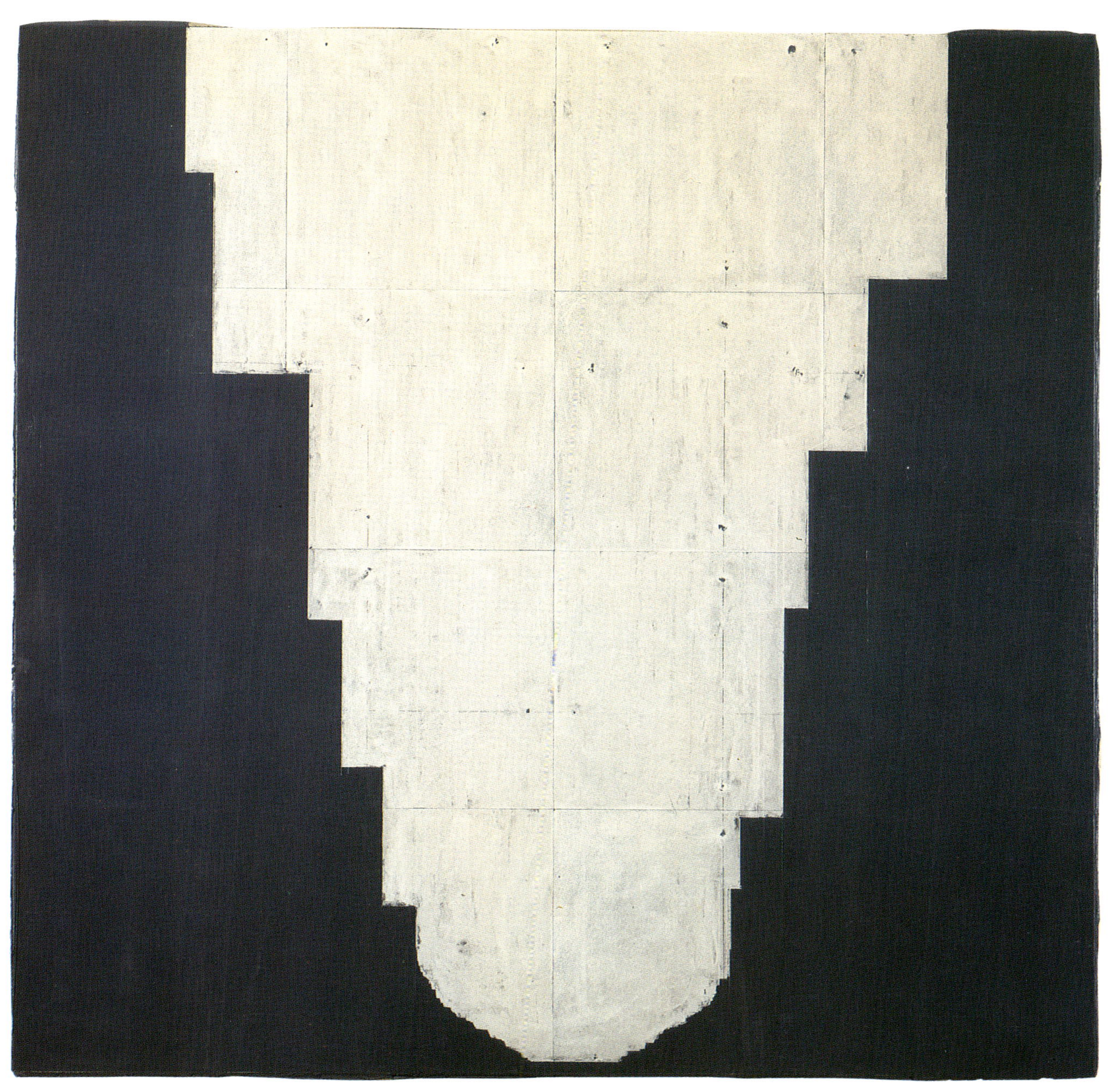

25. *Grey Canyon, October 28, 1980*, 1980.

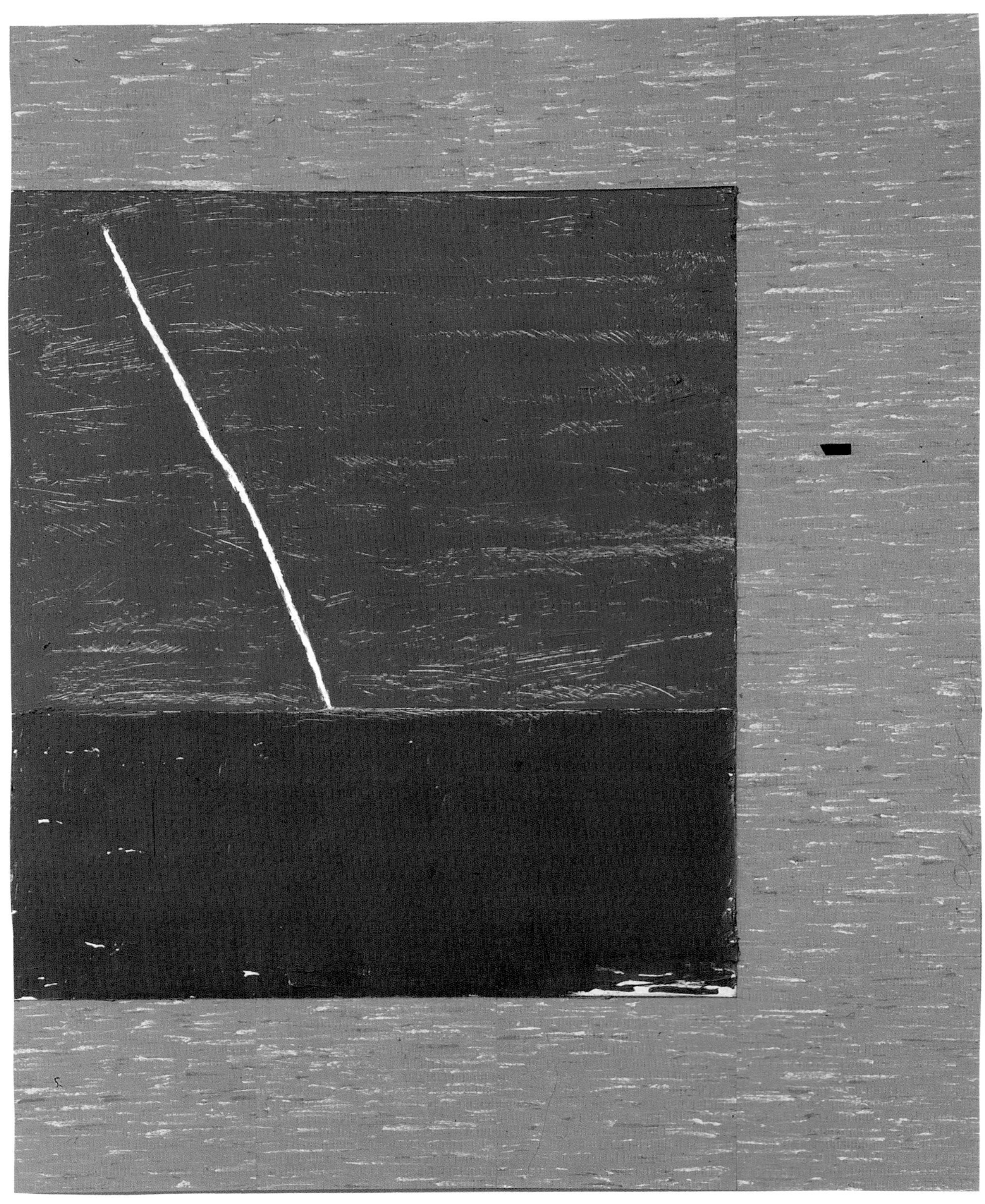

26. *Lightning, October 6, 1978*, 1978.

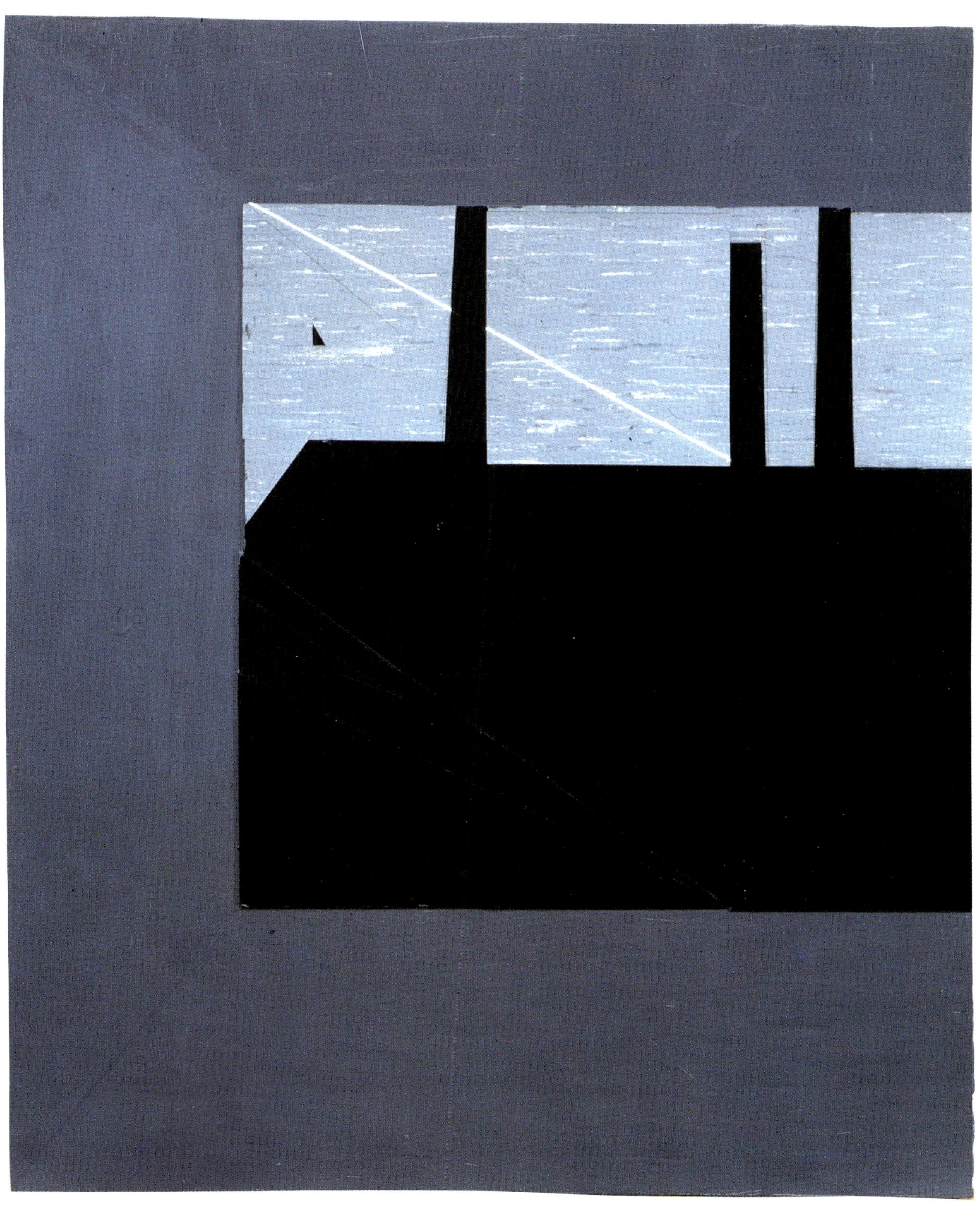

27. *April 1978*, 1978.

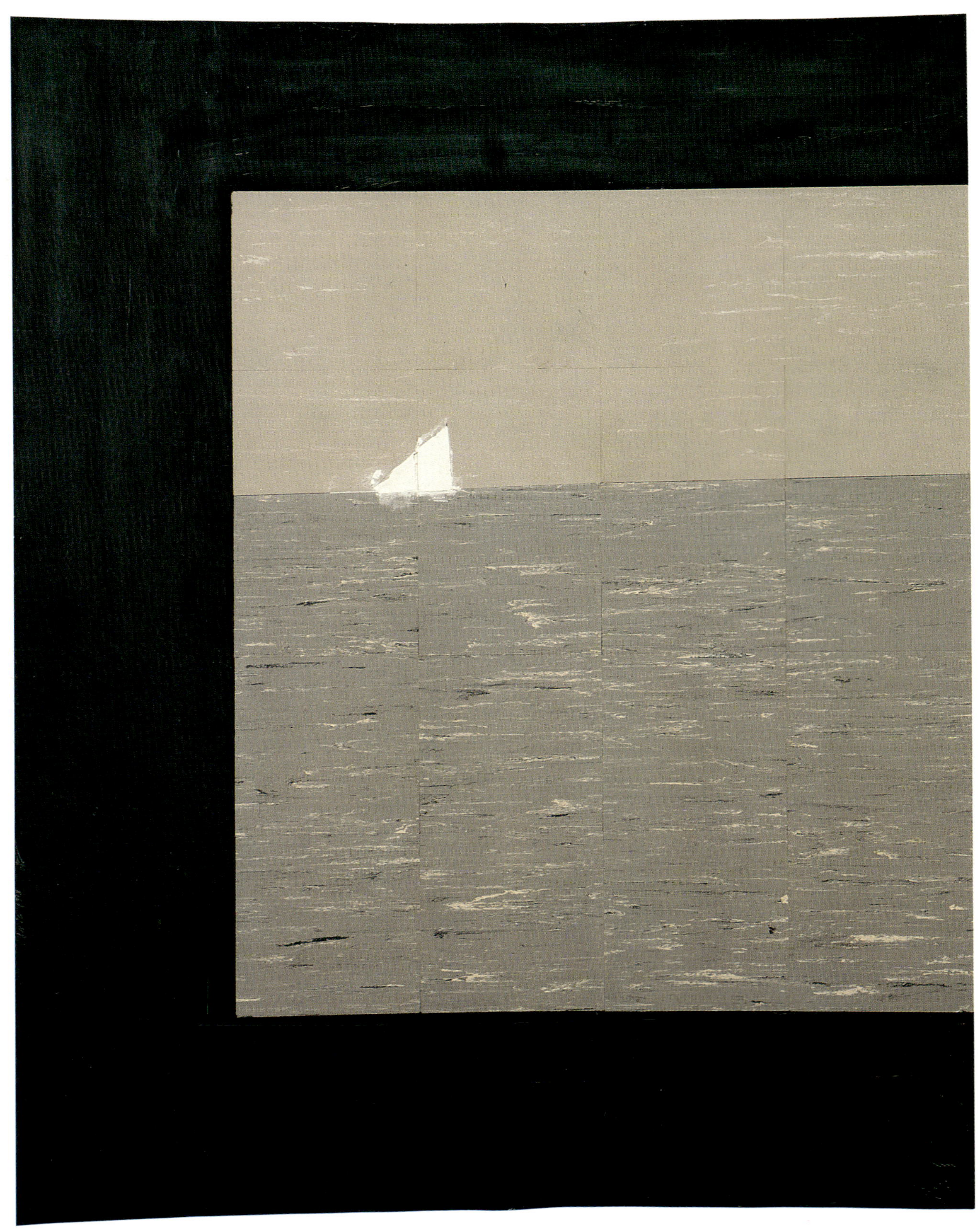

28. *Iceberg/Boat Prow, December 26, 1978*, 1978.

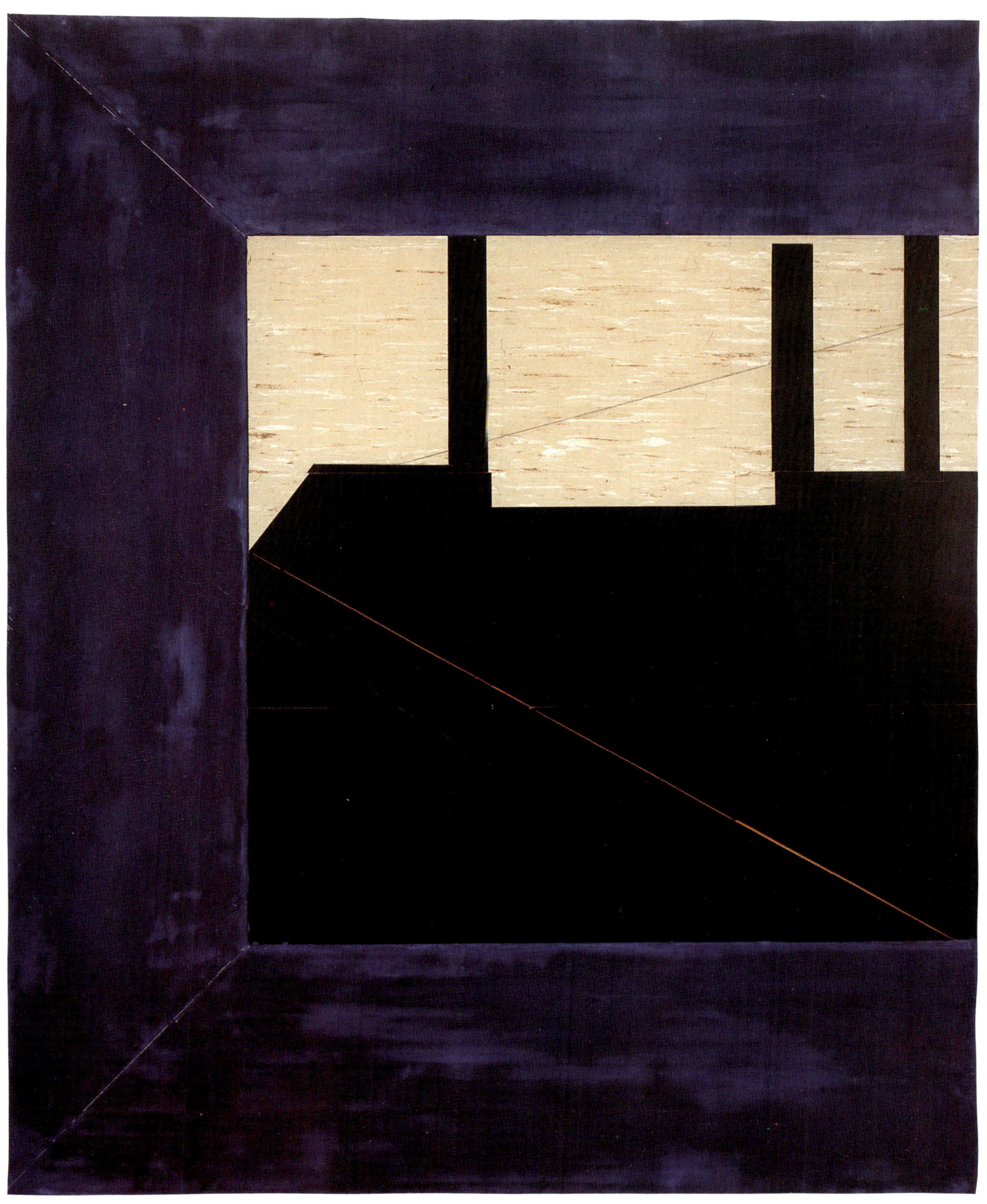

29. *Factory/Table, February 8, 1979*, 1979.

30. *Table/Moon, November 7, 1978*, 1978.

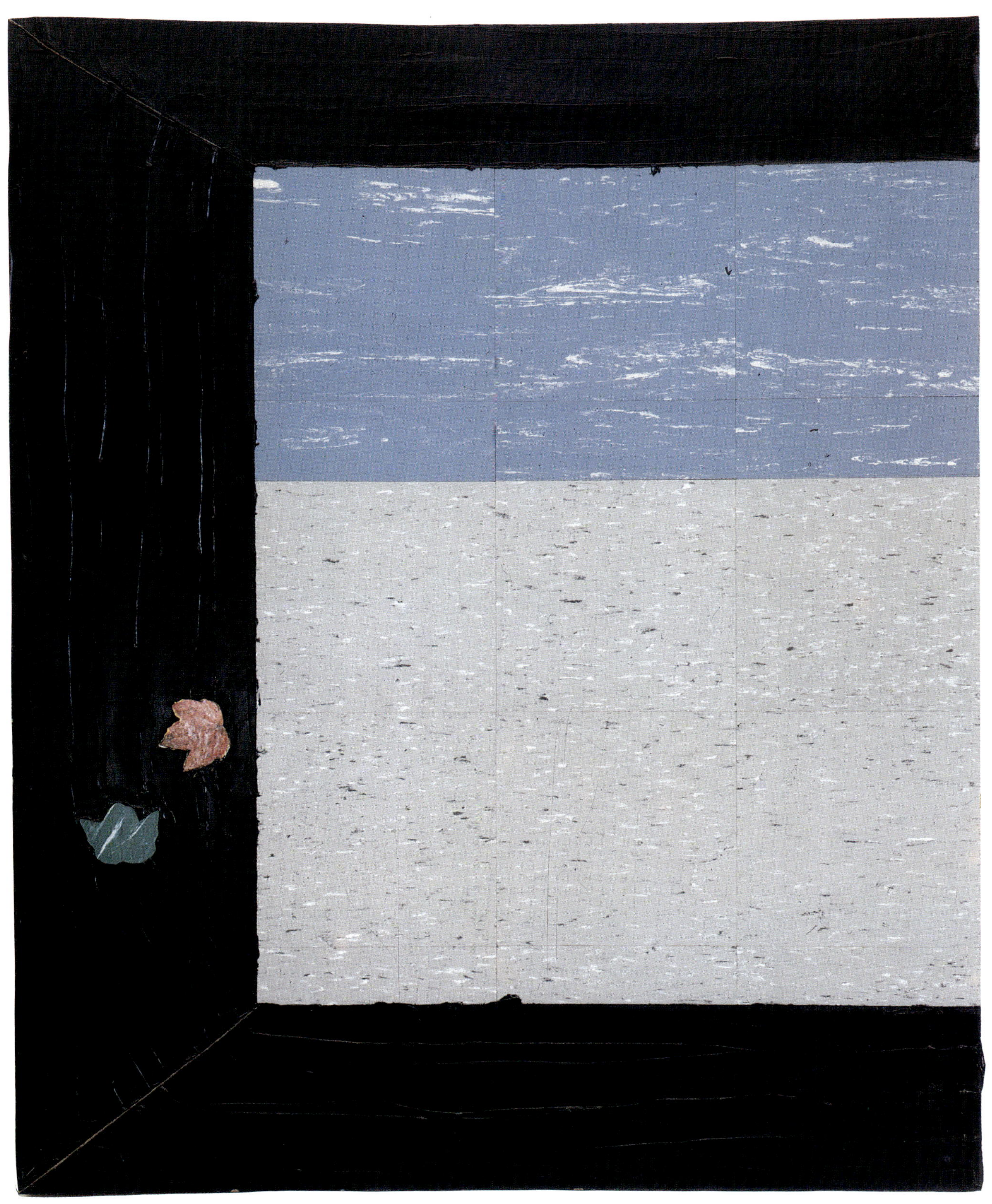

31. *Landscape with Leaves, October 21, 1977*, 1977.

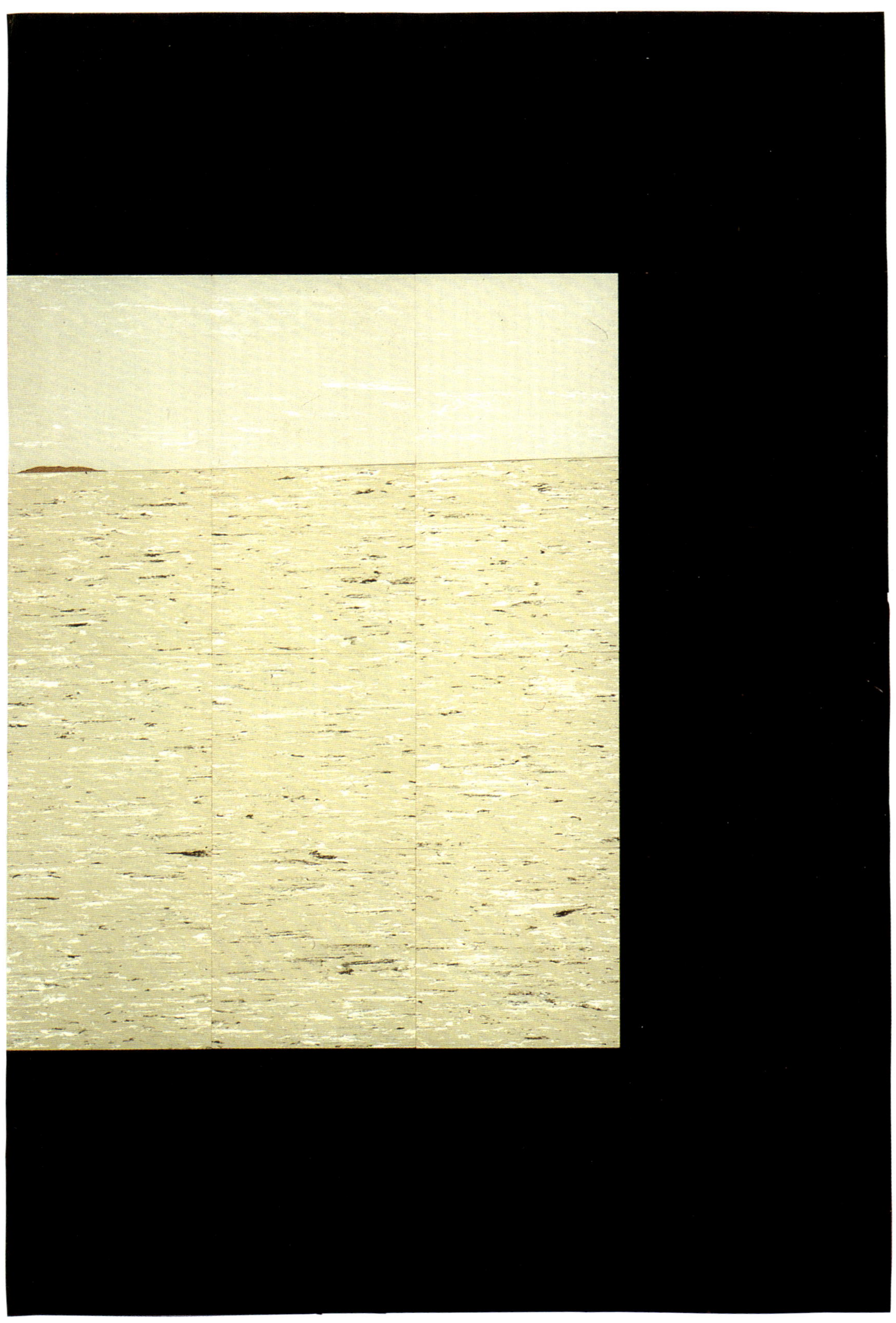

32. *May 29, 1978*, 1978.

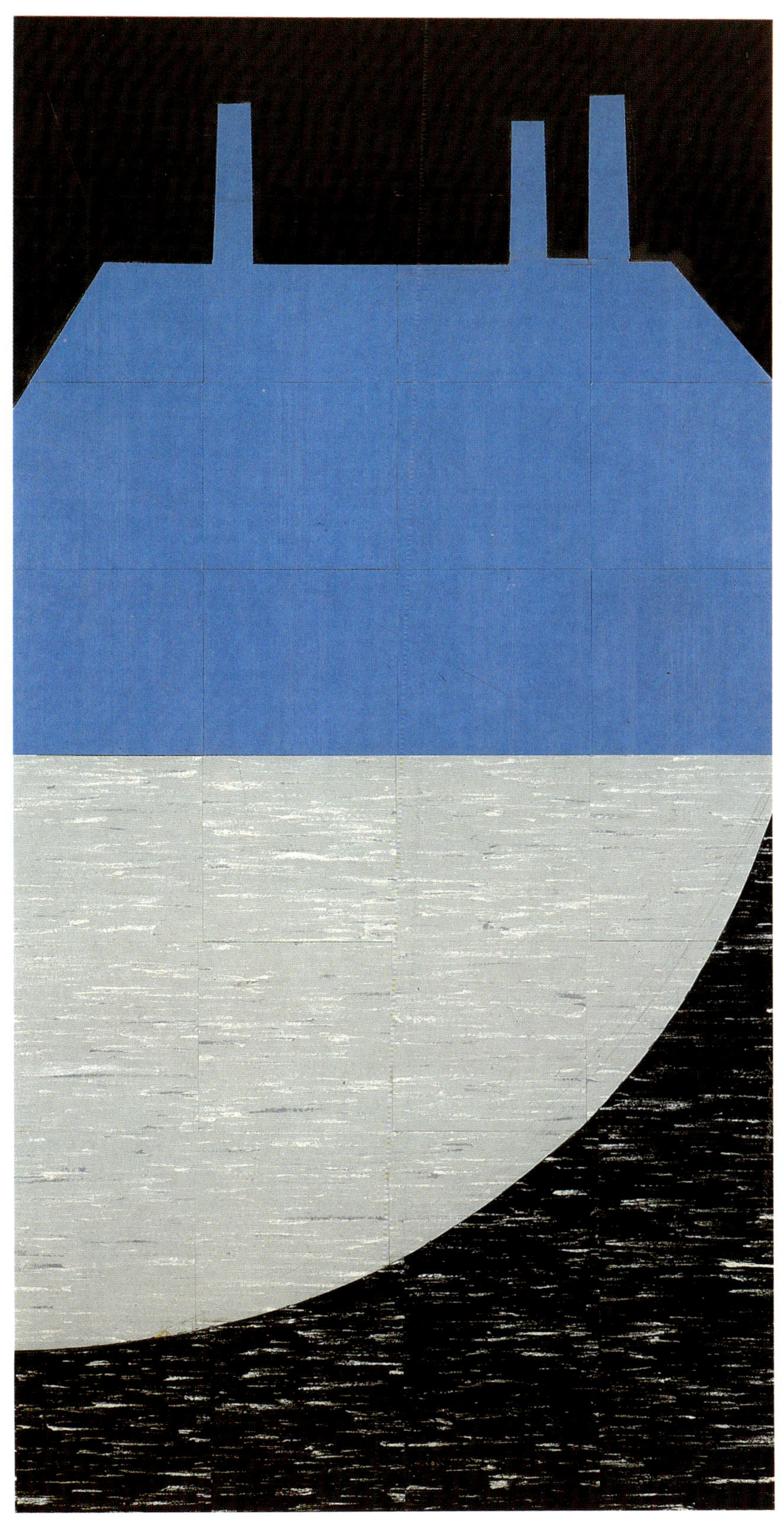

33. *Factory, 1981*, 1981.

34. *Factory, July 14, 1980*, 1980.

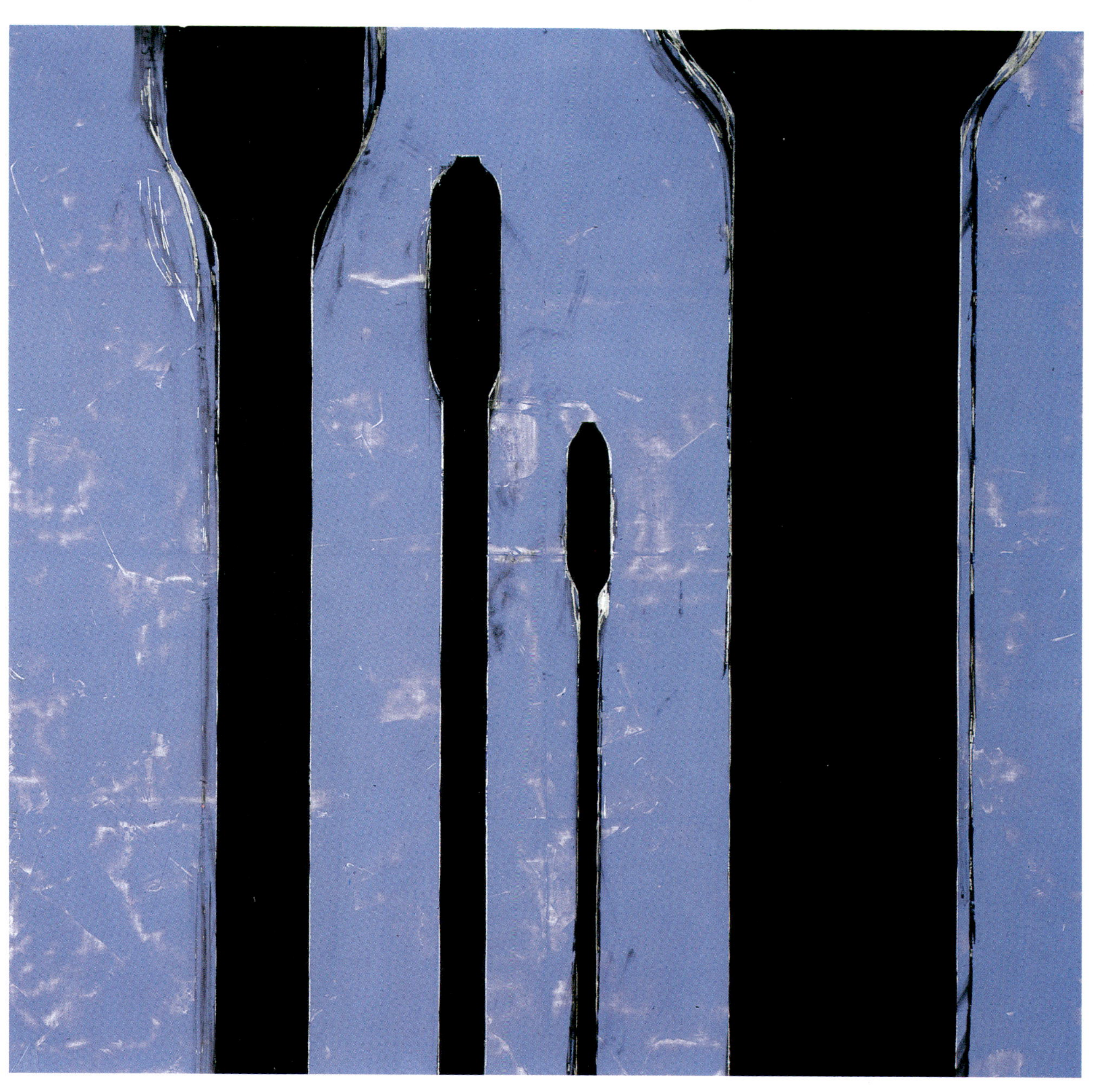

35. *Four Stacks, July 3, 1983*, 1983.

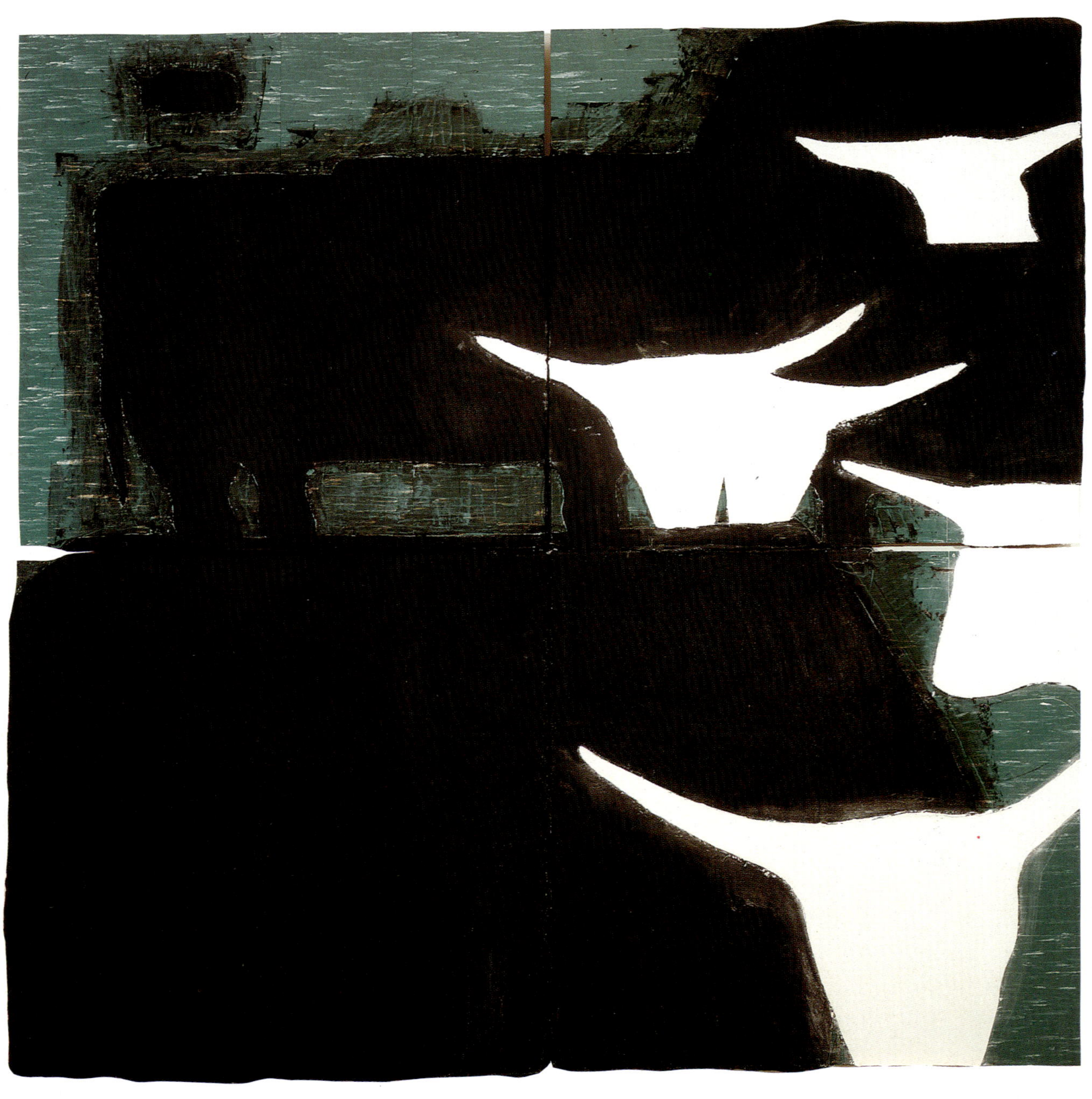

36. *Steers, November 18, 1983*, 1983.

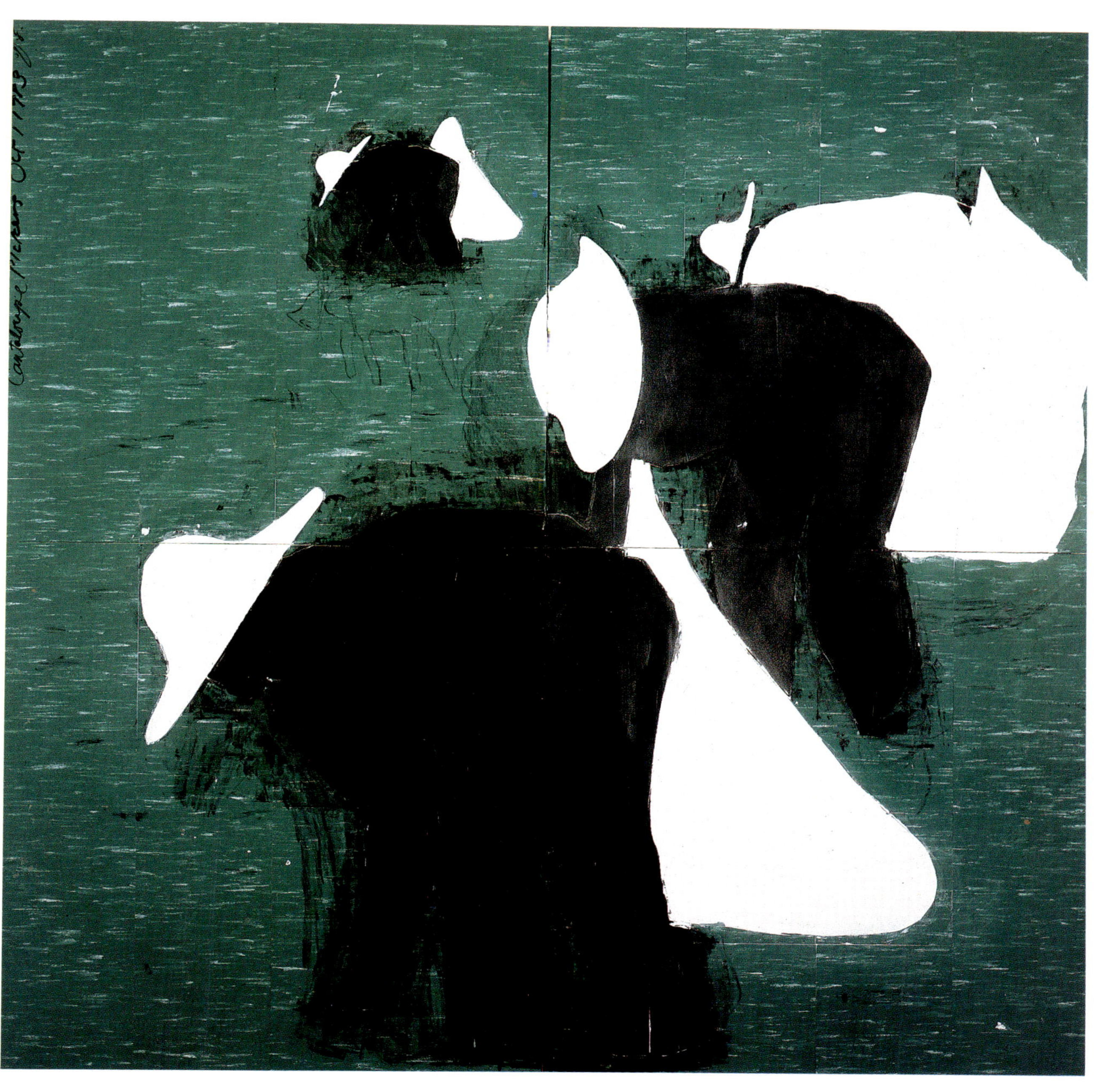

37. *Cantaloupe Pickers, October 1, 1983*, 1983.

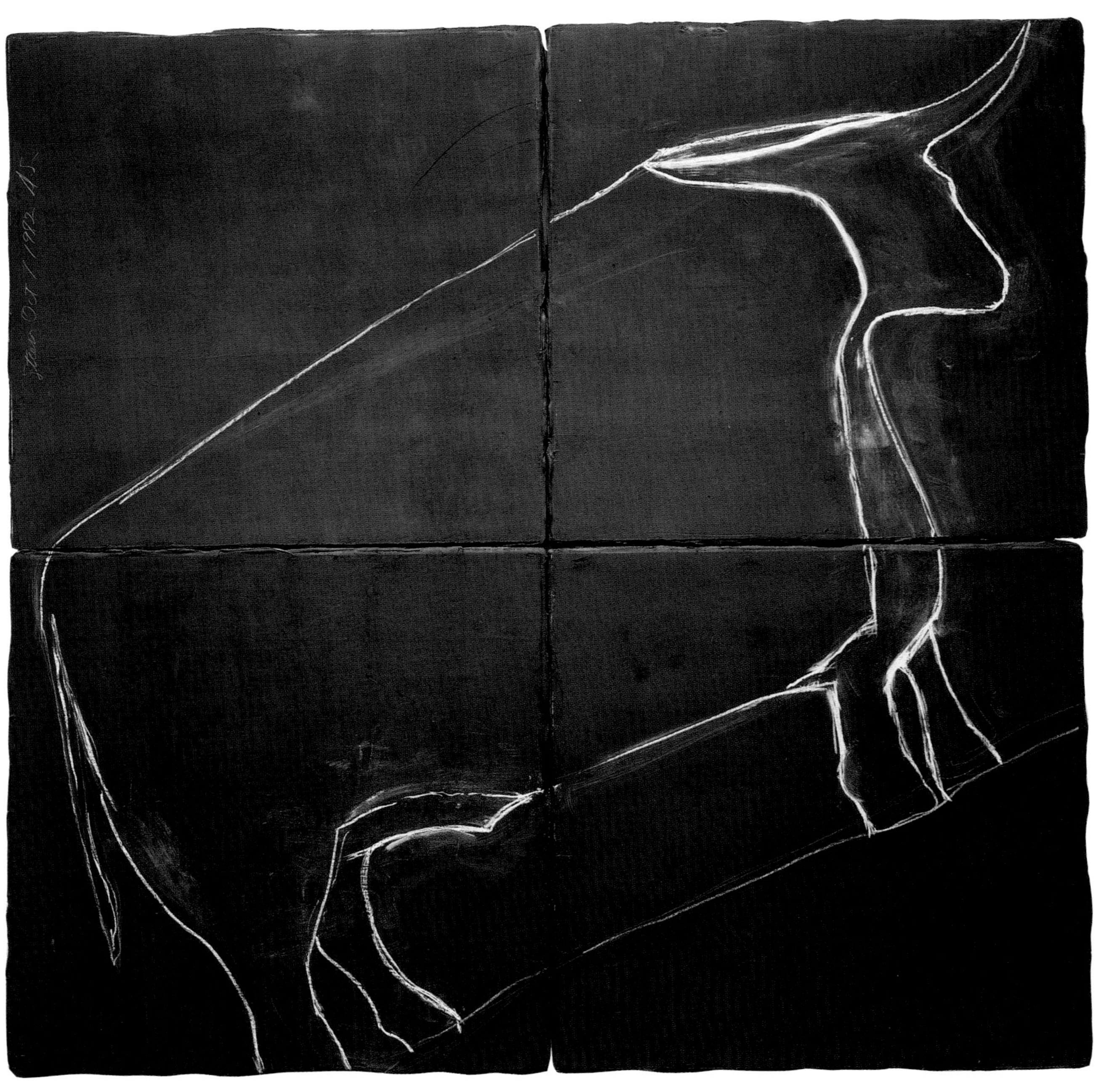

38. *Steer, October 7, 1982*, 1982.

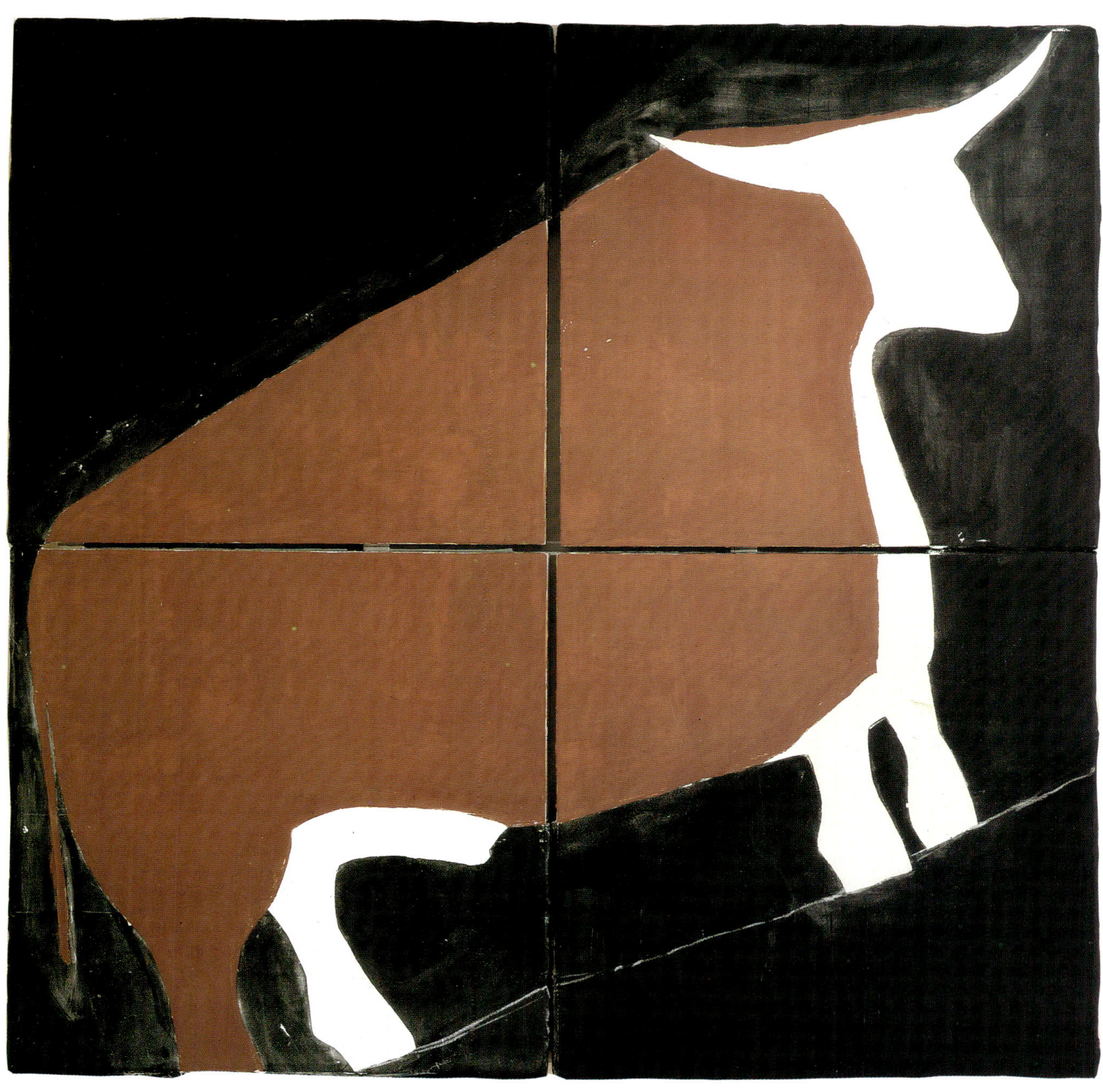

40. *Steer, January 14, 1983*, 1983.

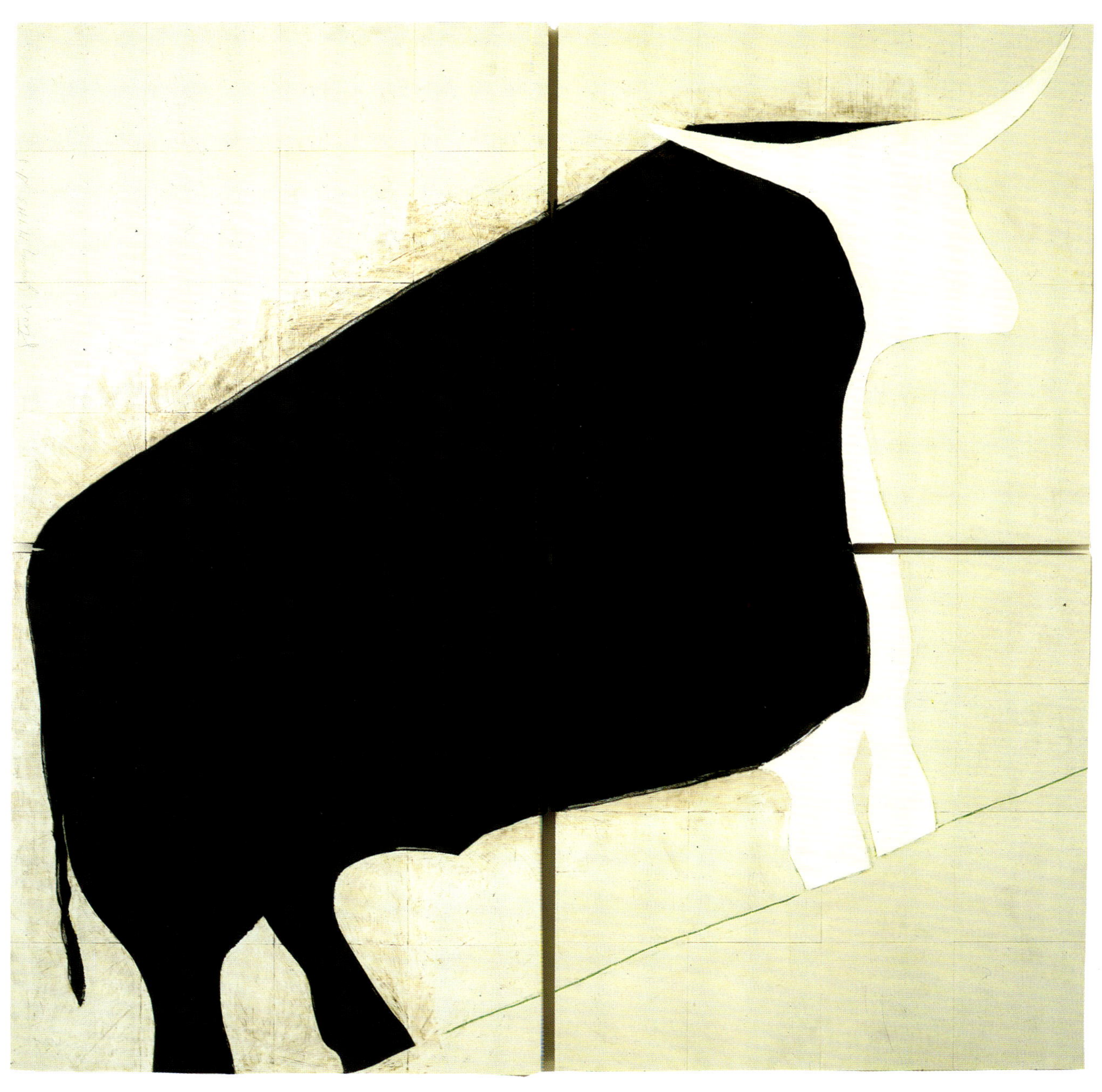

39. *Steer, December 6, 1982*, 1982.

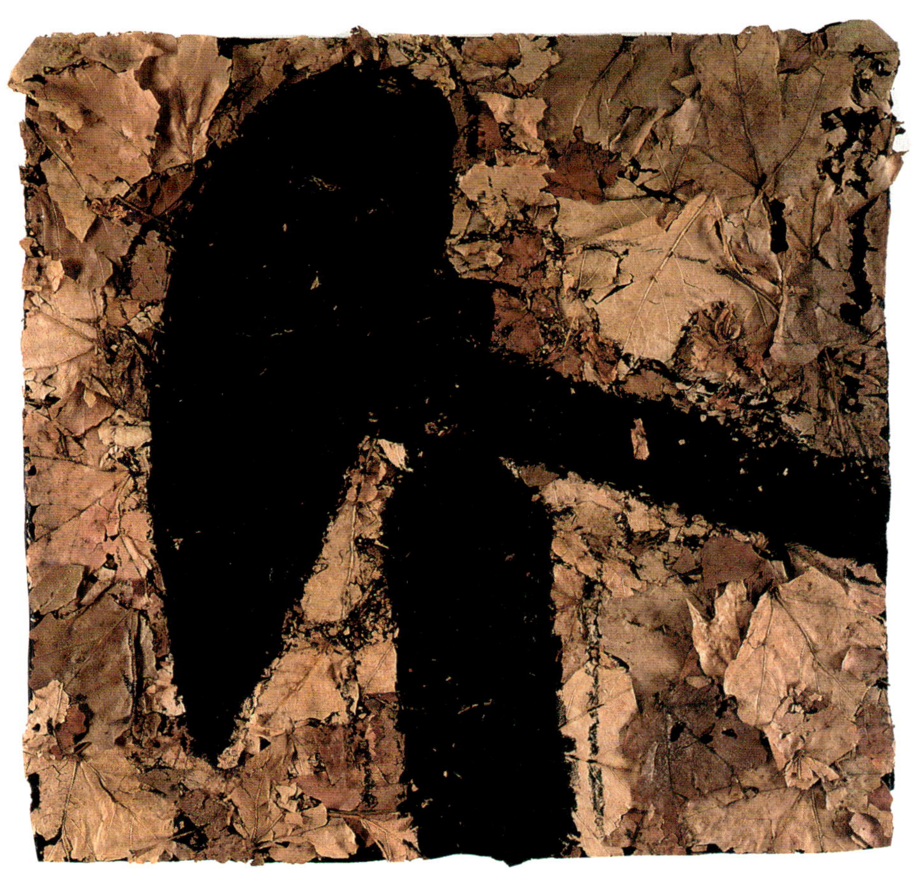

41. *Oil Pump, November 8, 1983*, 1983.

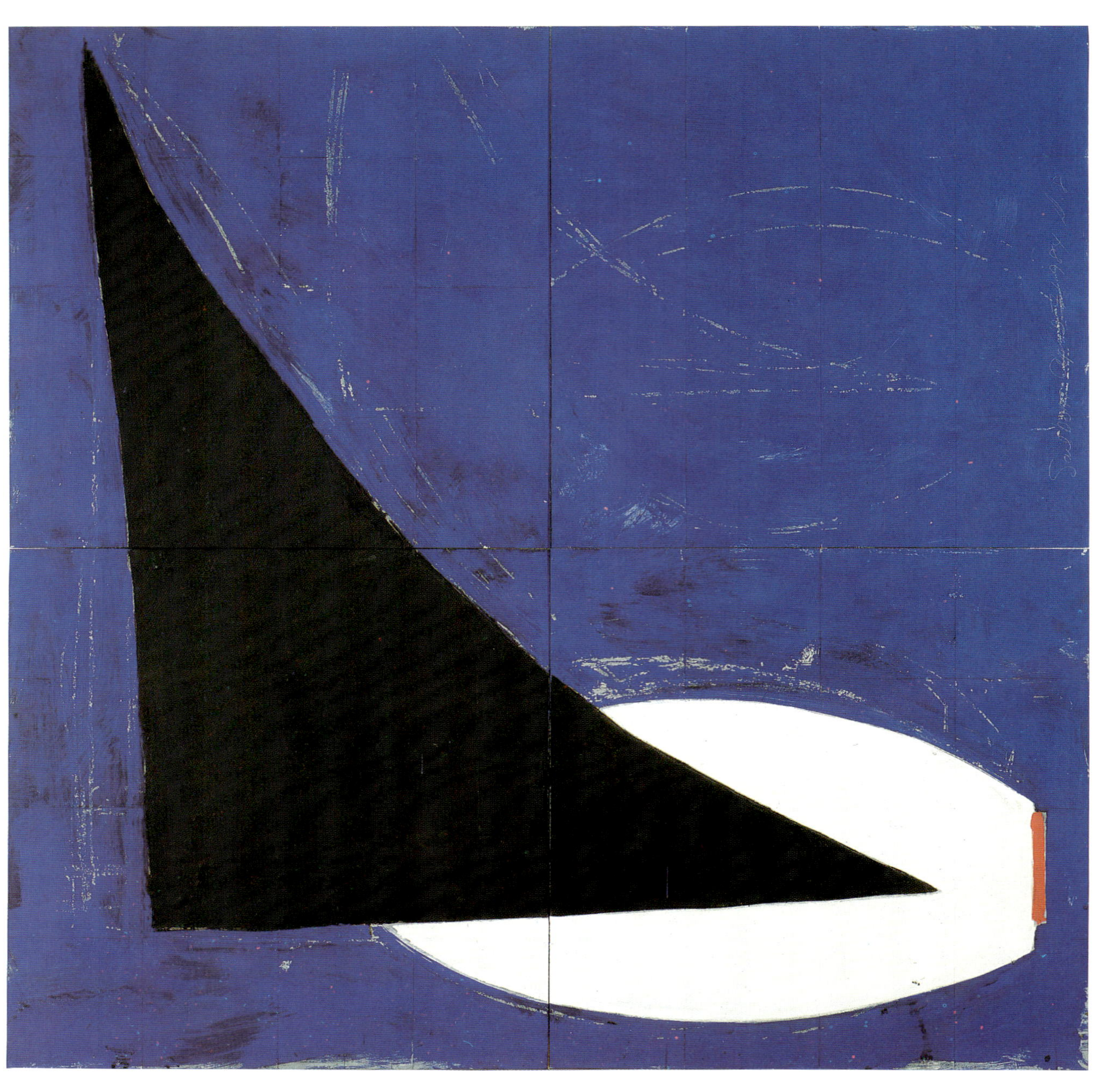

42. *Sailboat, April 7, 1984*, 1984.

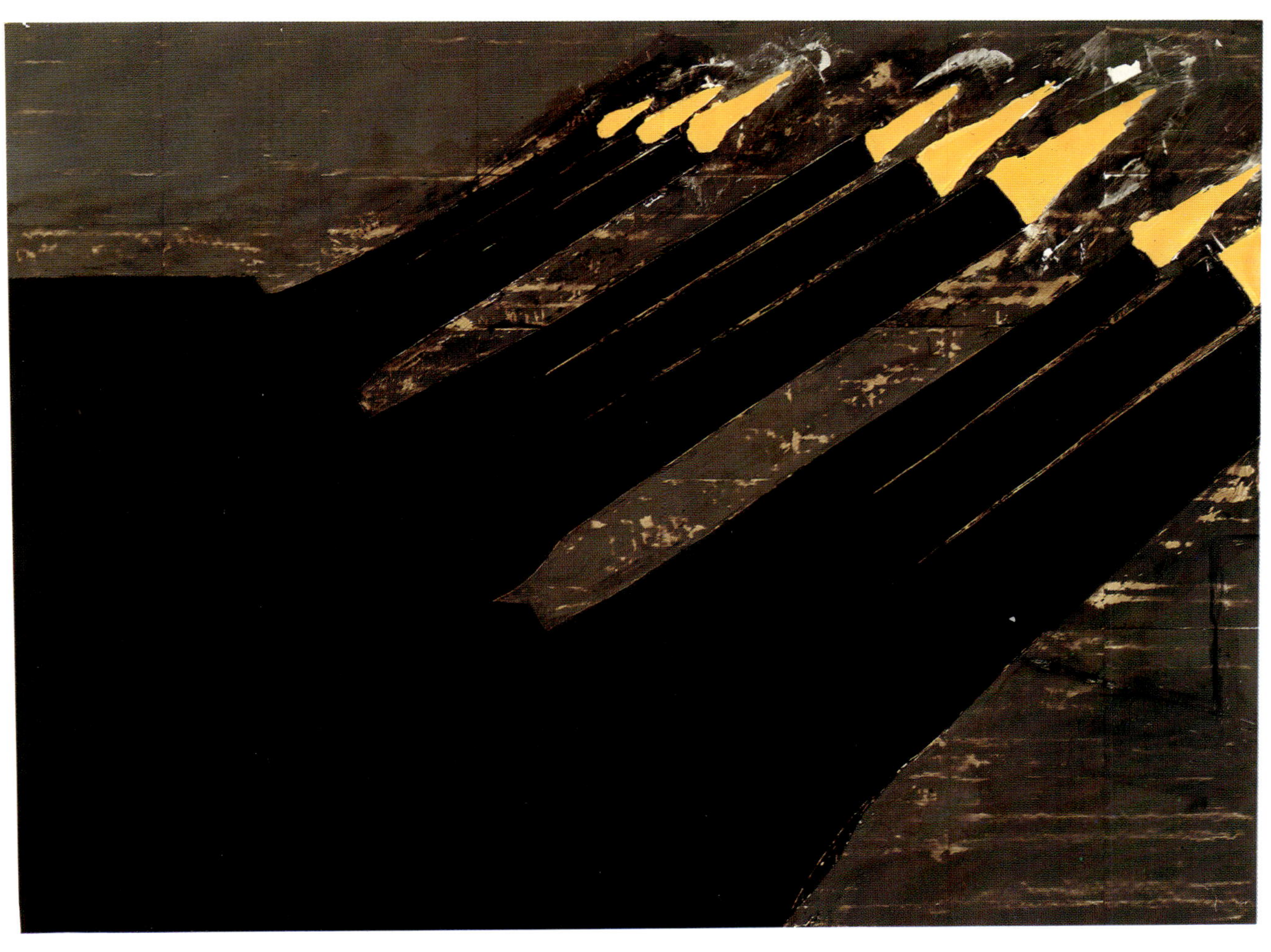

43. *Battleship, July 12, 1983*, 1983.

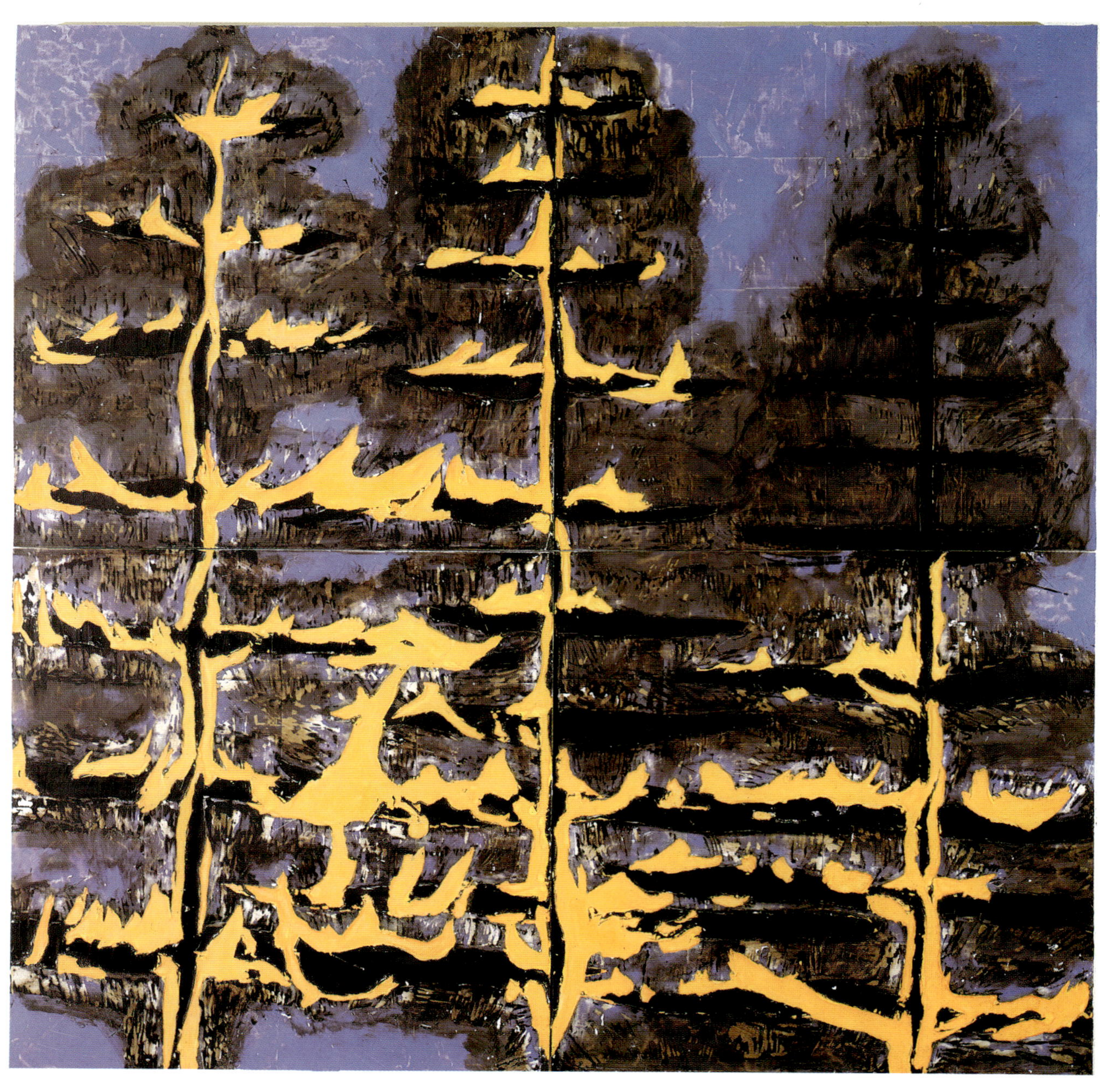

44. *Forest Fire, September 2, 1983*, 1983.

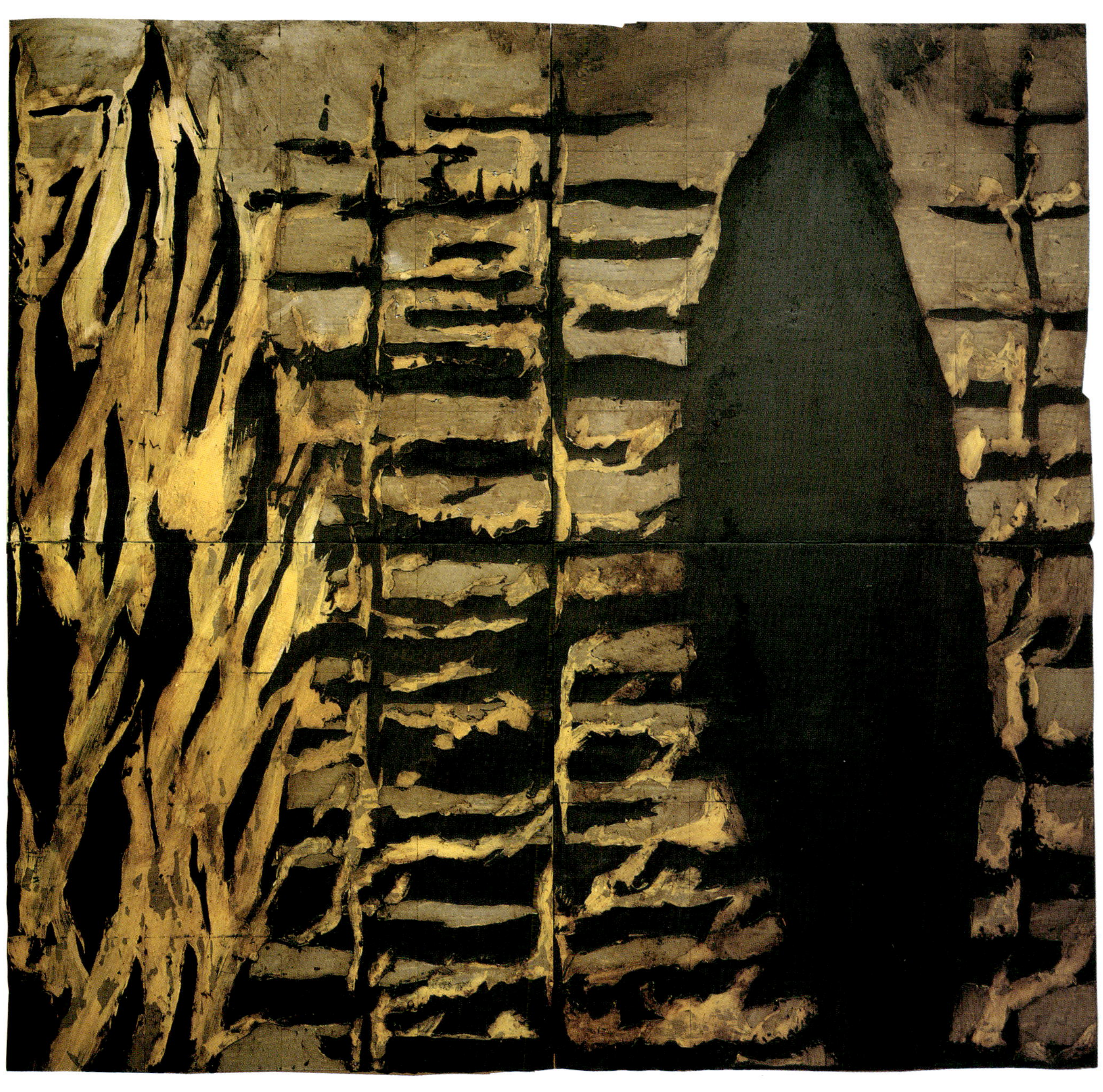

45. *Forest Fire, January 5, 1984*, 1984.

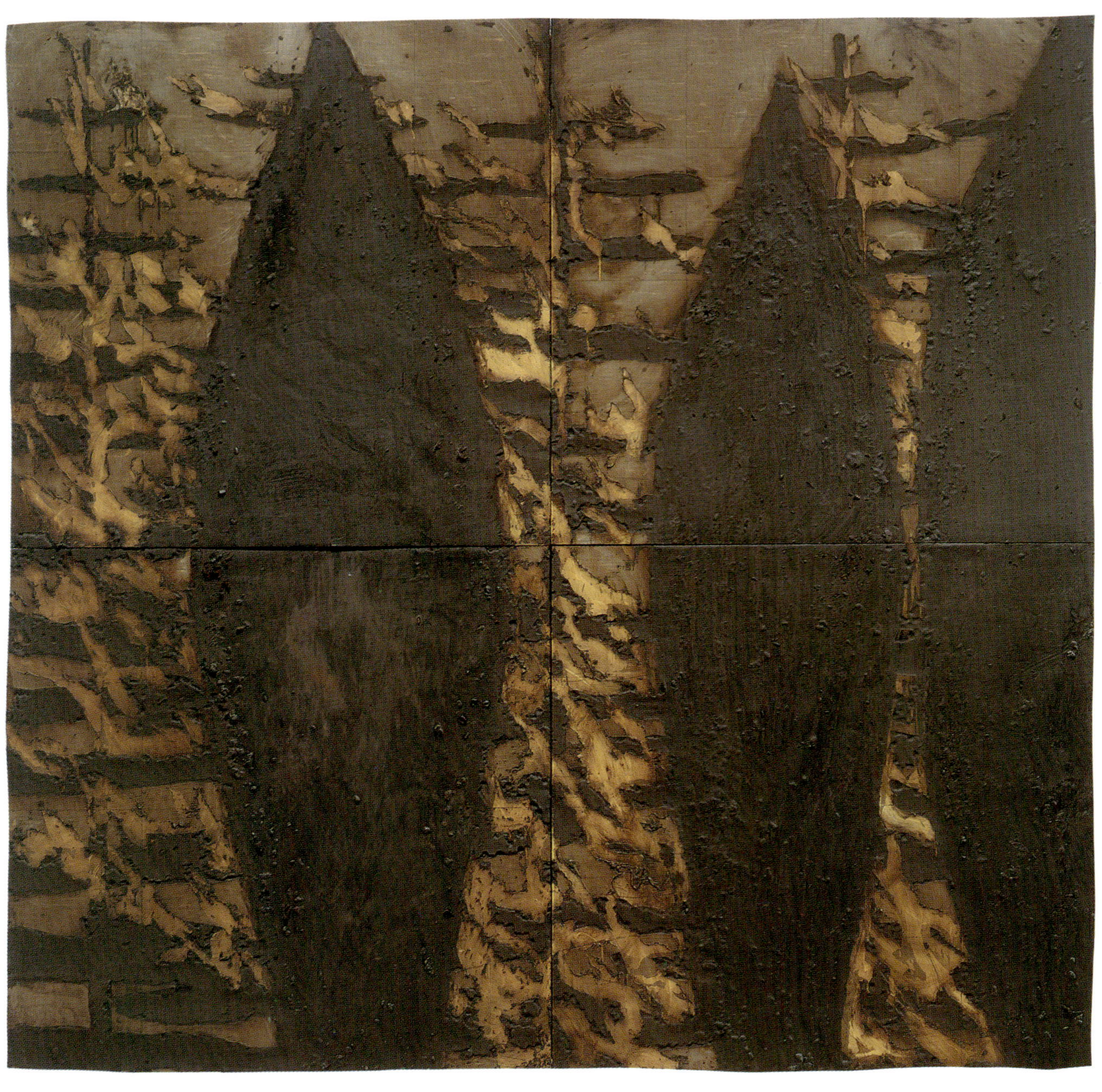

46. *Forest Fire, November 27, 1984*, 1984.

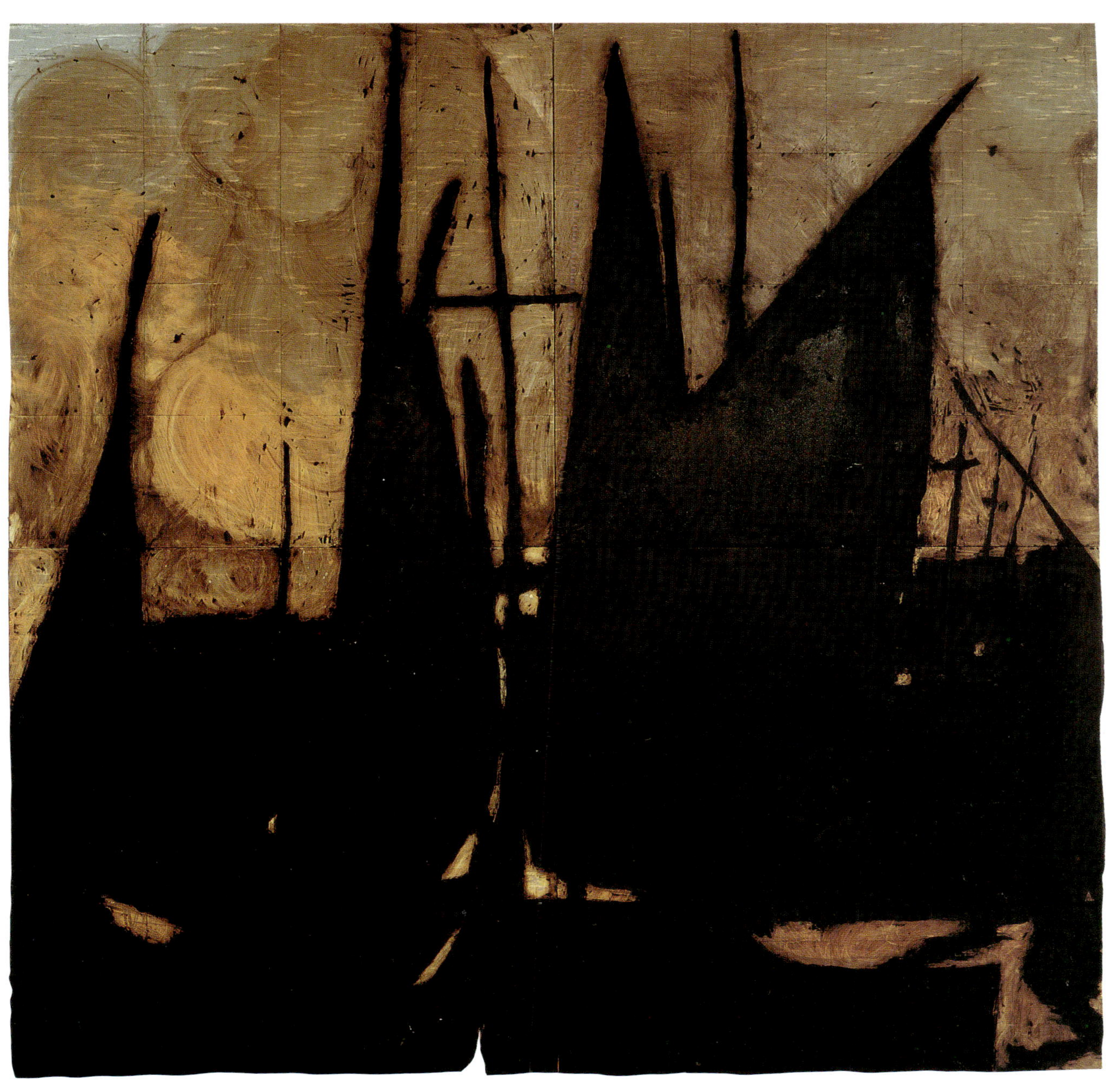

47. *Harbor, July 6, 1984*, 1984.

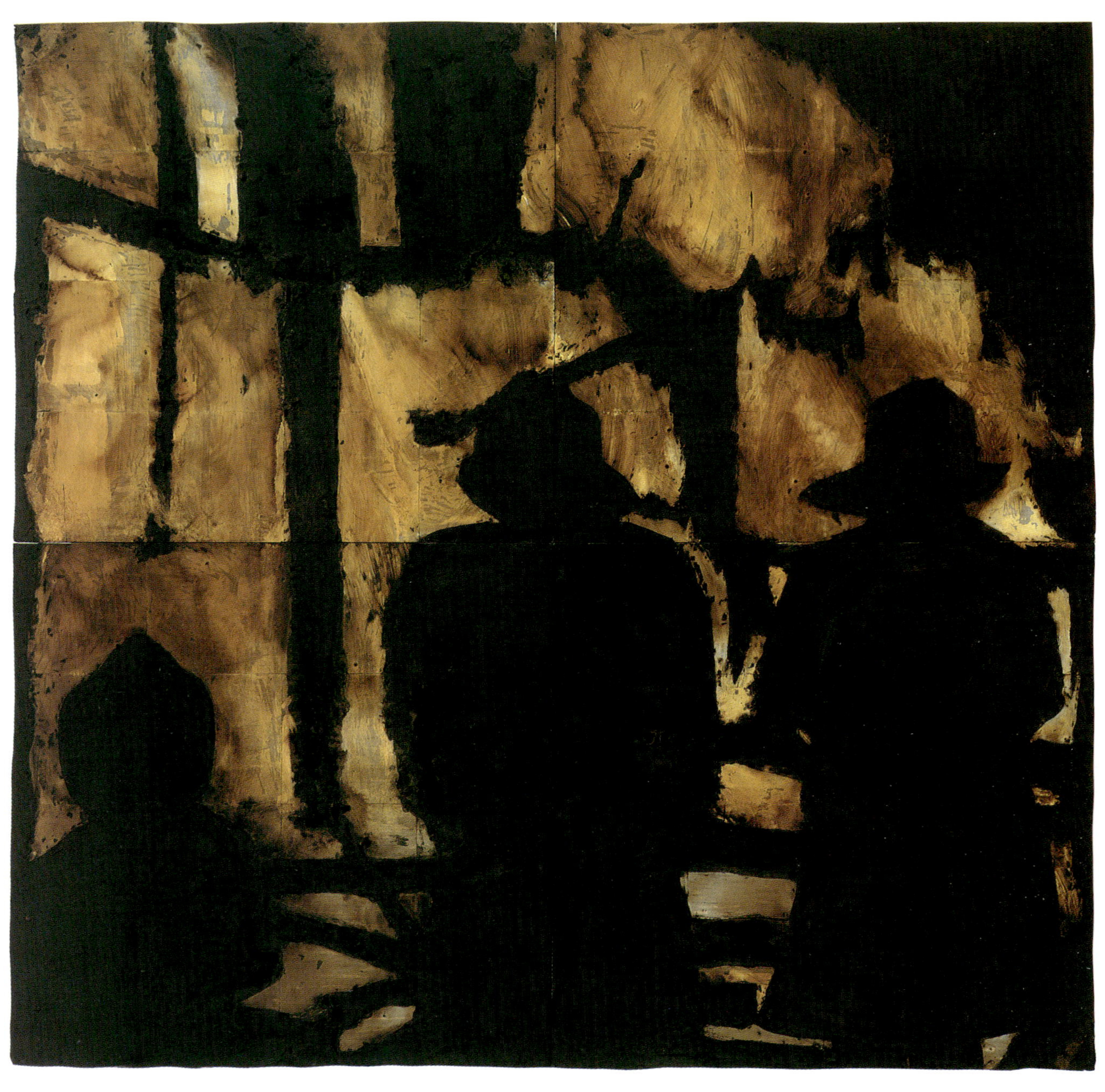

48. *Fireman, March 6, 1984*, 1984.

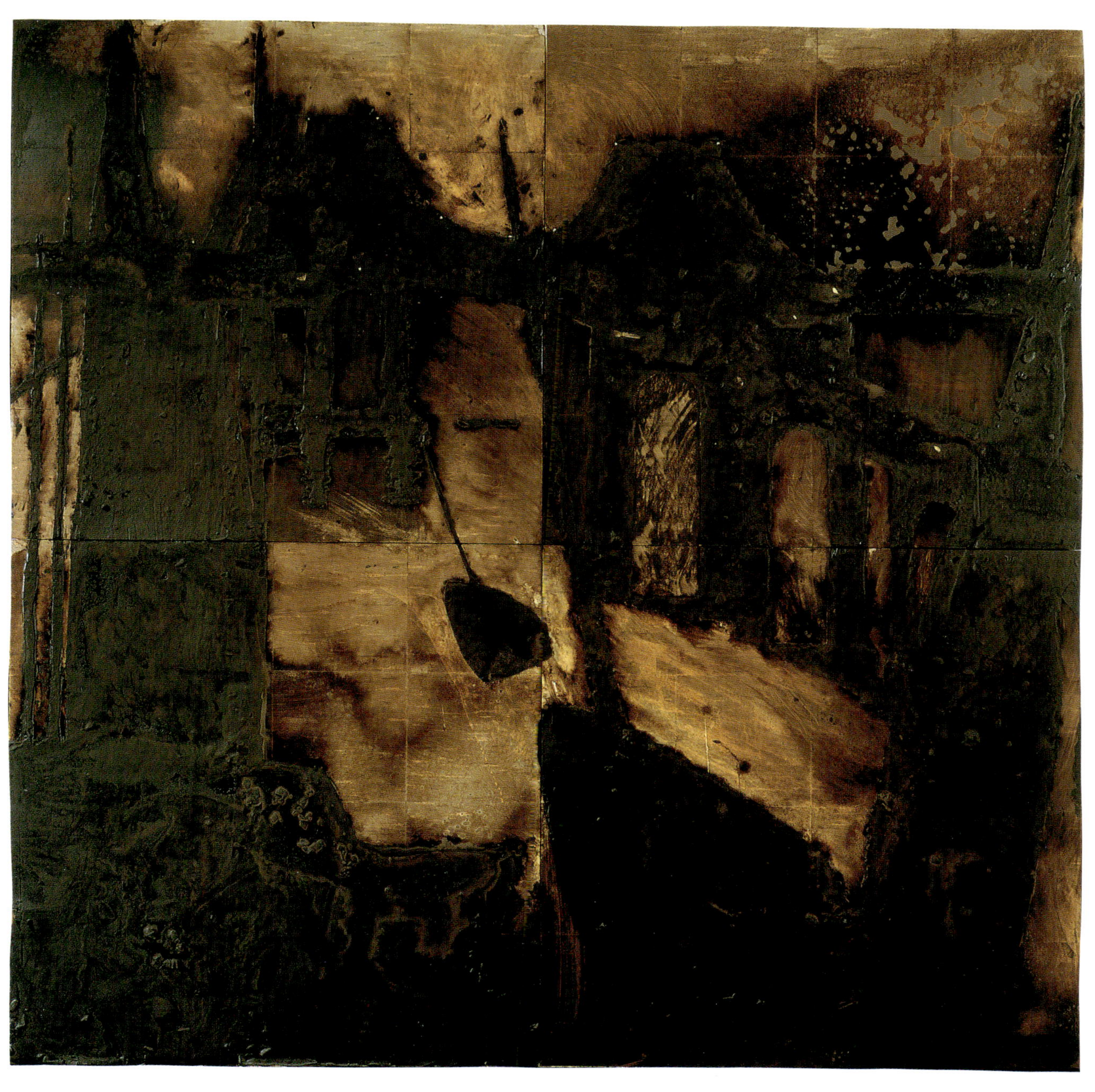

49. *Poison Nocturne, January 31, 1985*, 1985.

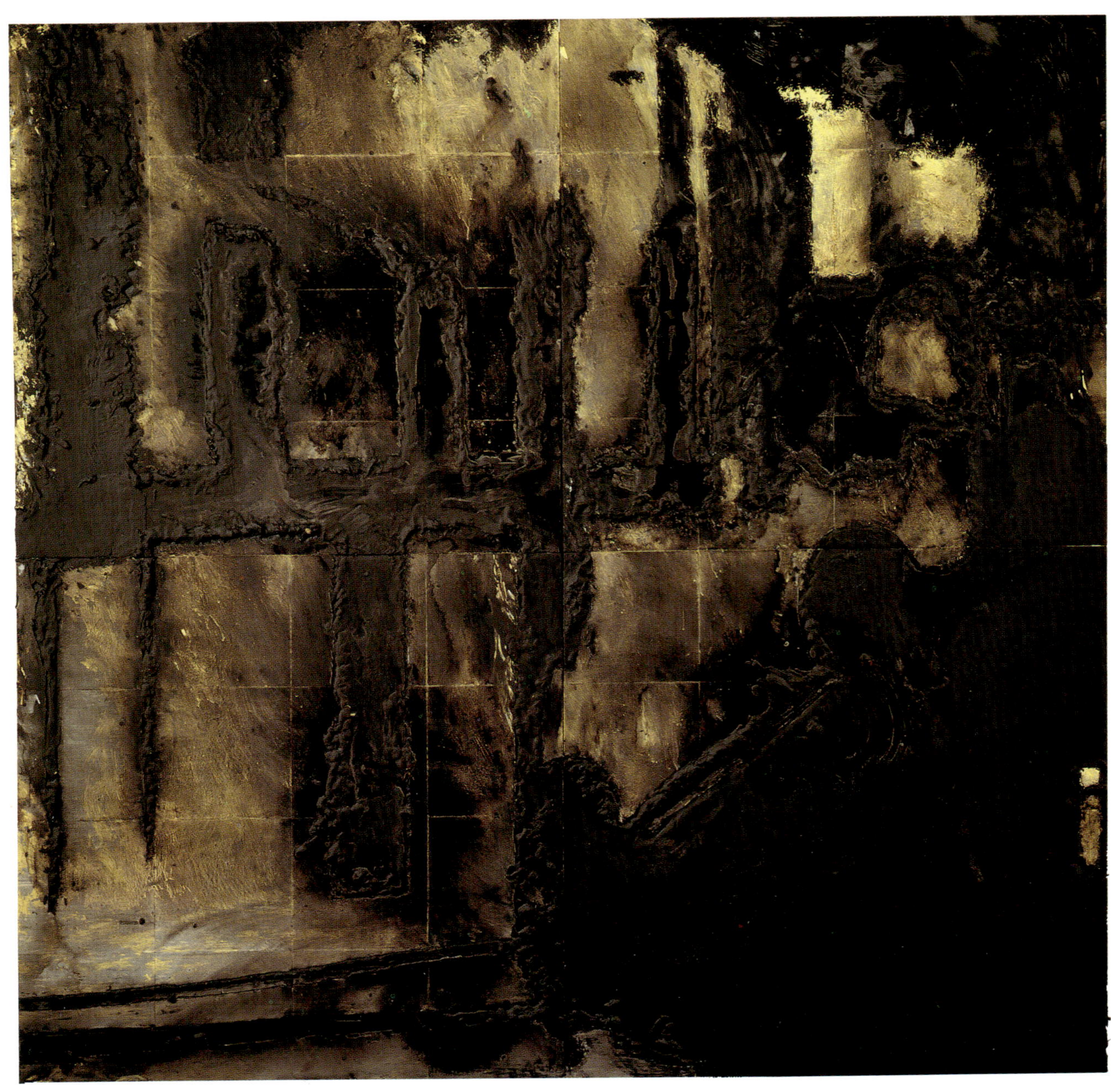

50. *London, November 25, 1985*, 1985.

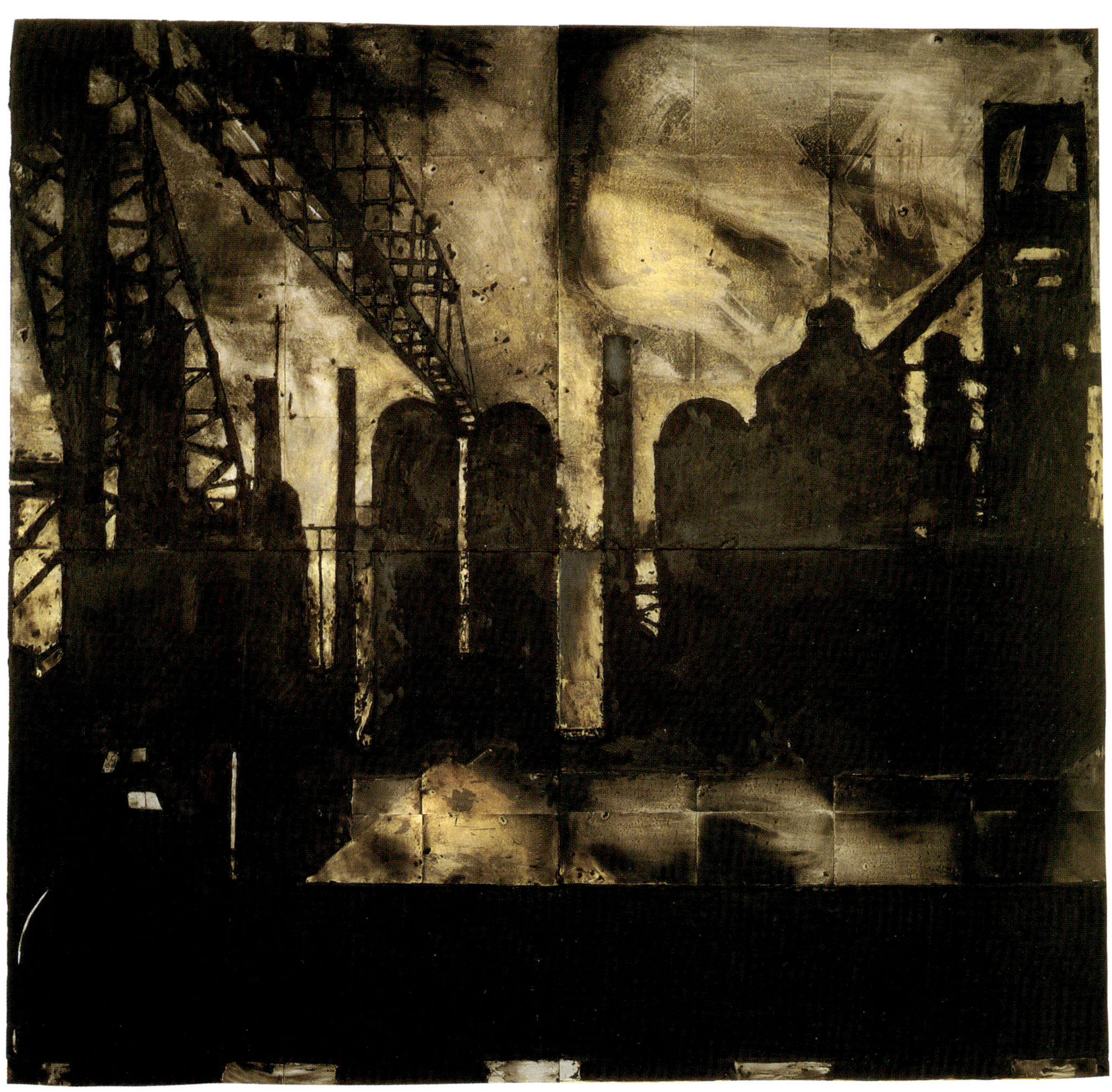

51. *Plant, May 29, 1985*, 1985.

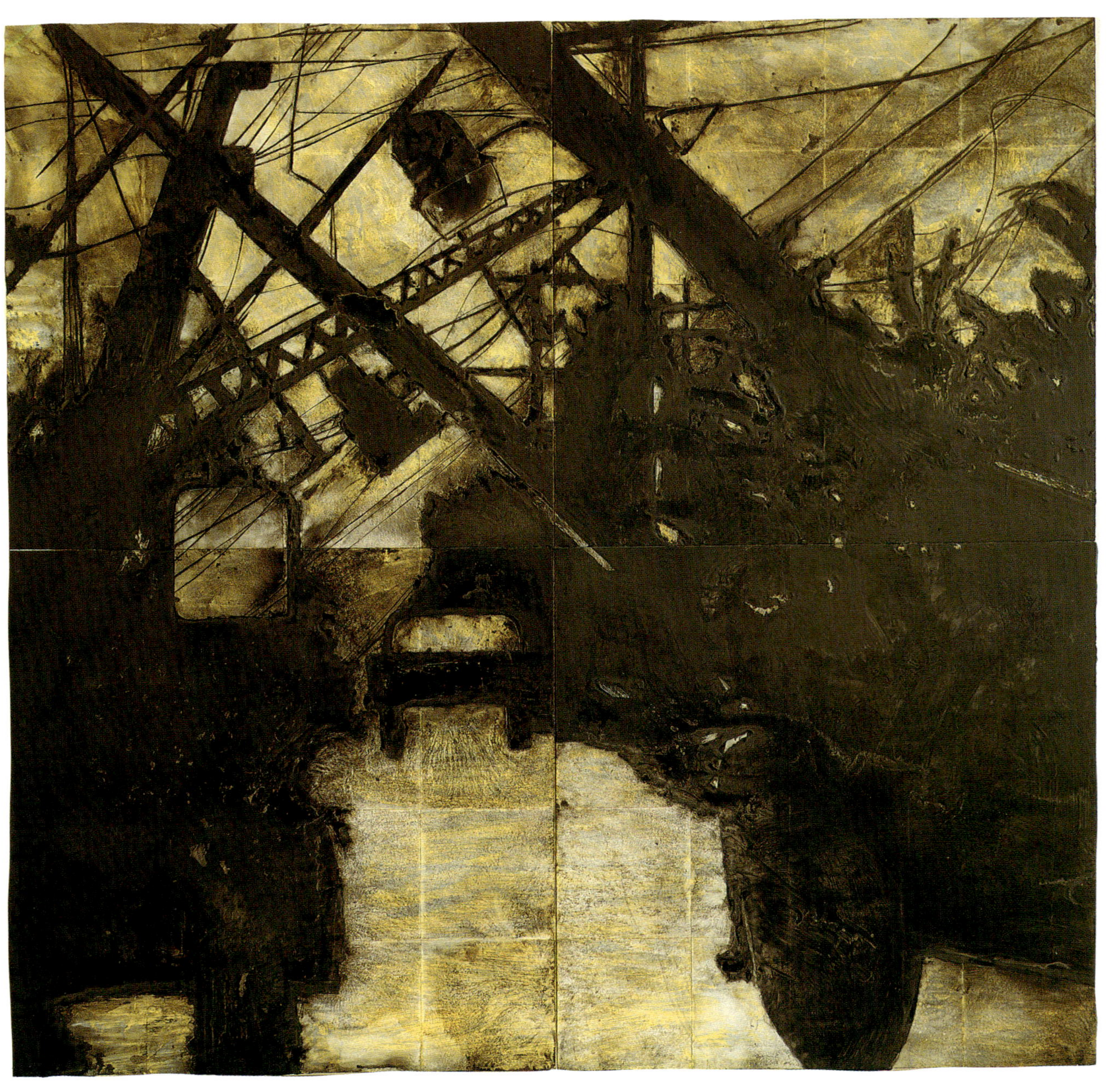

52. *Lines Down, November 11, 1985*, 1985.

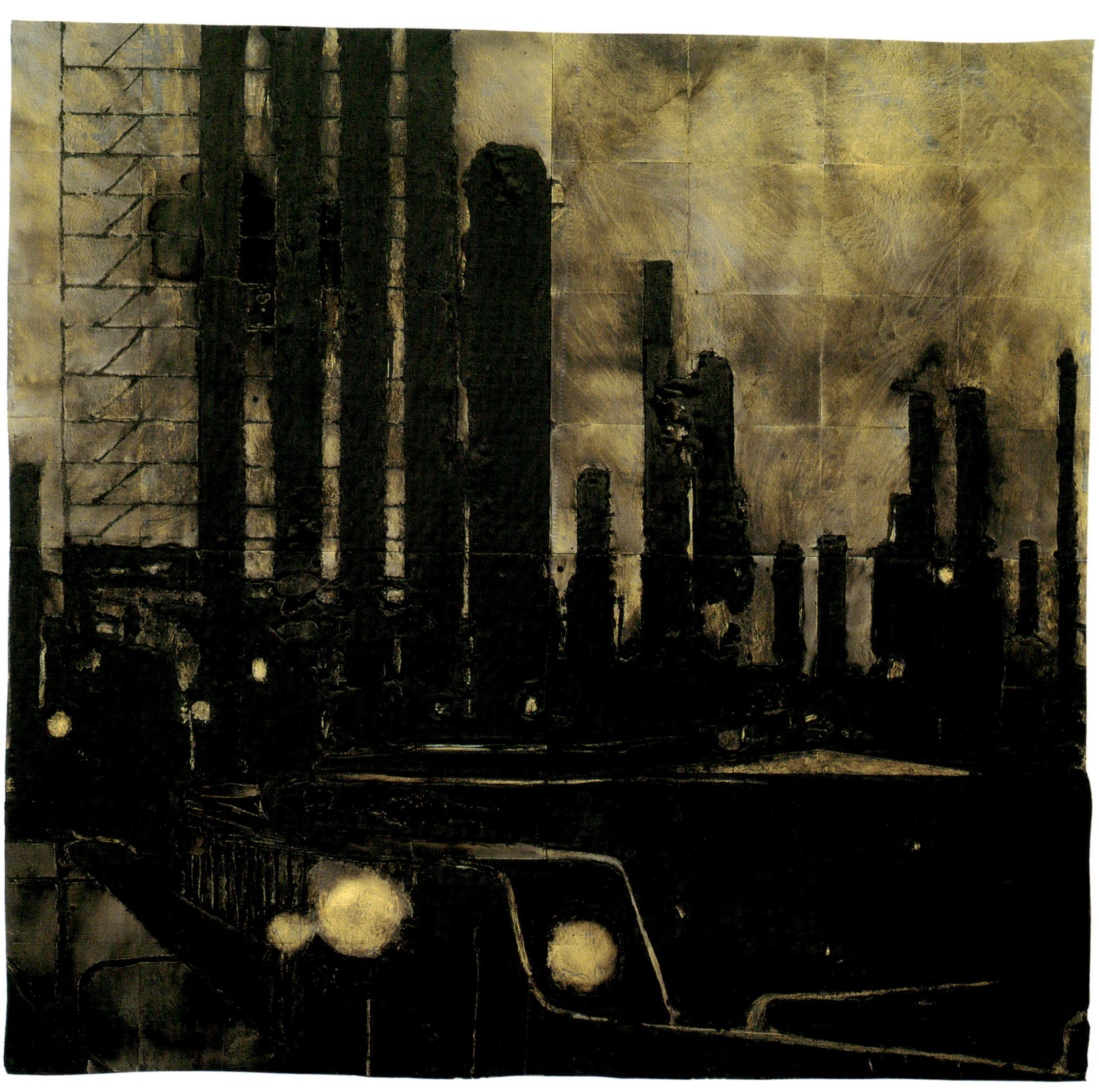

53. *Veracruz, November 18, 1986*, 1986.

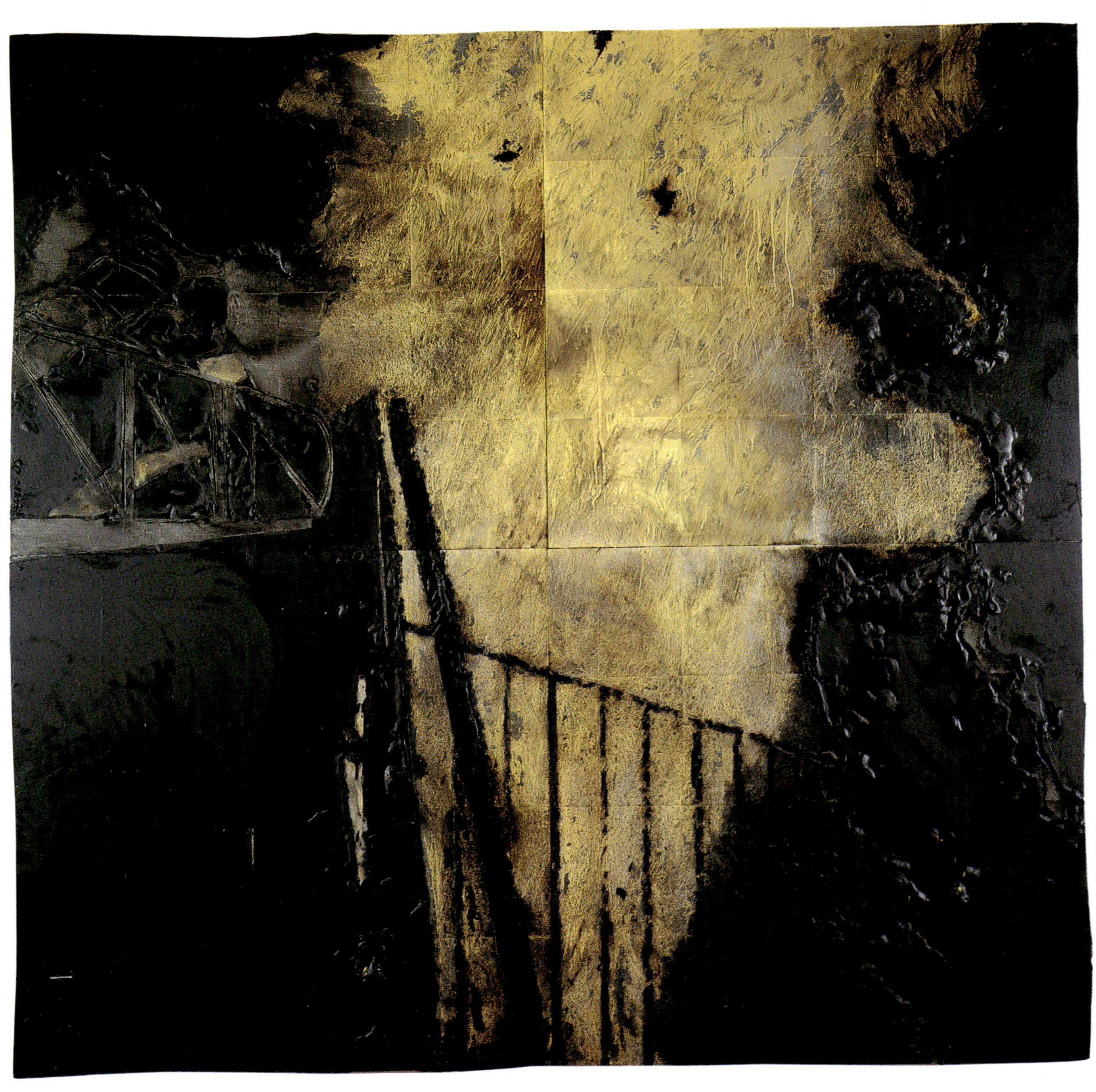

54. *South End, February 24, 1986*, 1986.

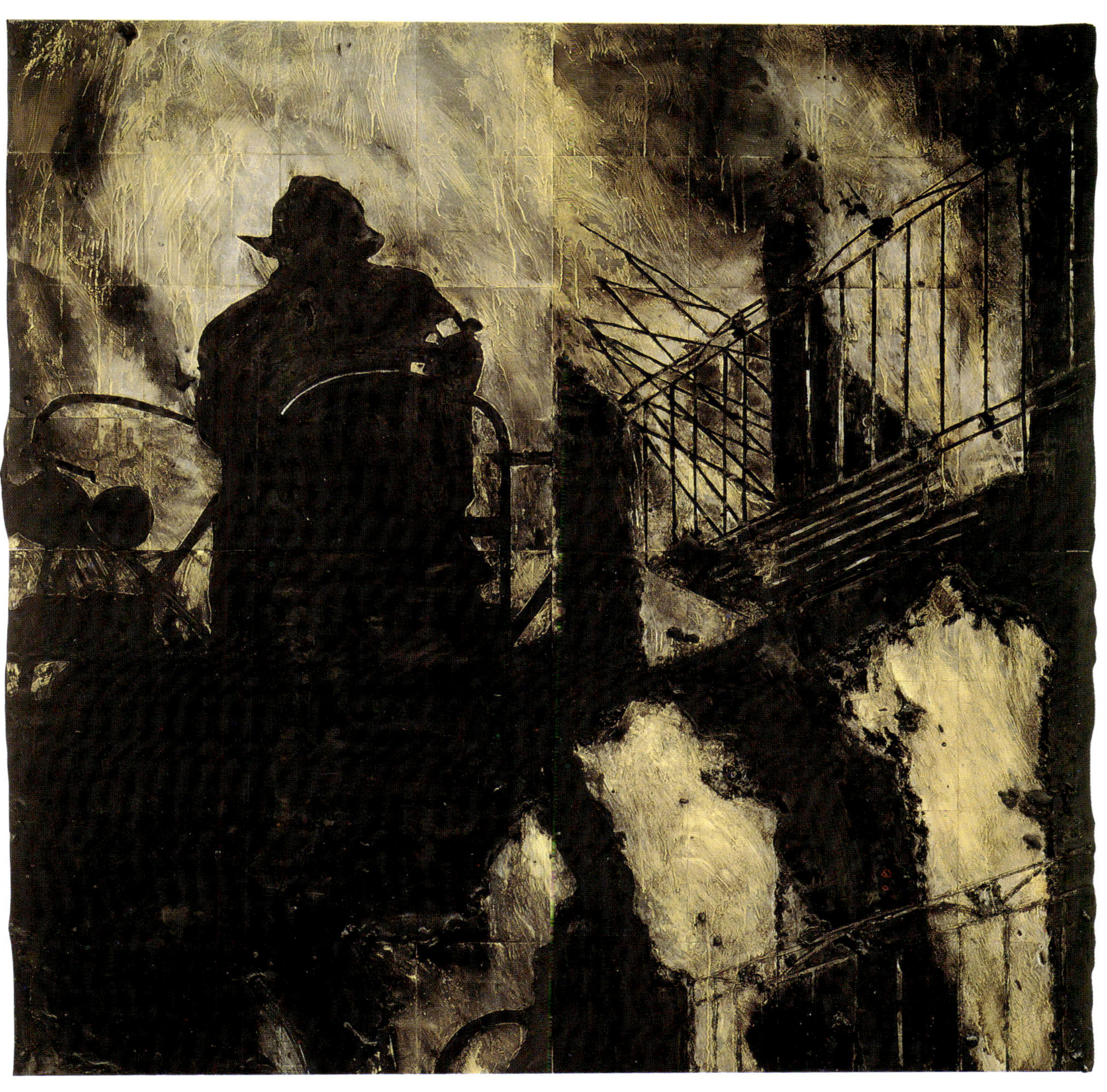

55. *Early Morning, May 20, 1986*, 1986.

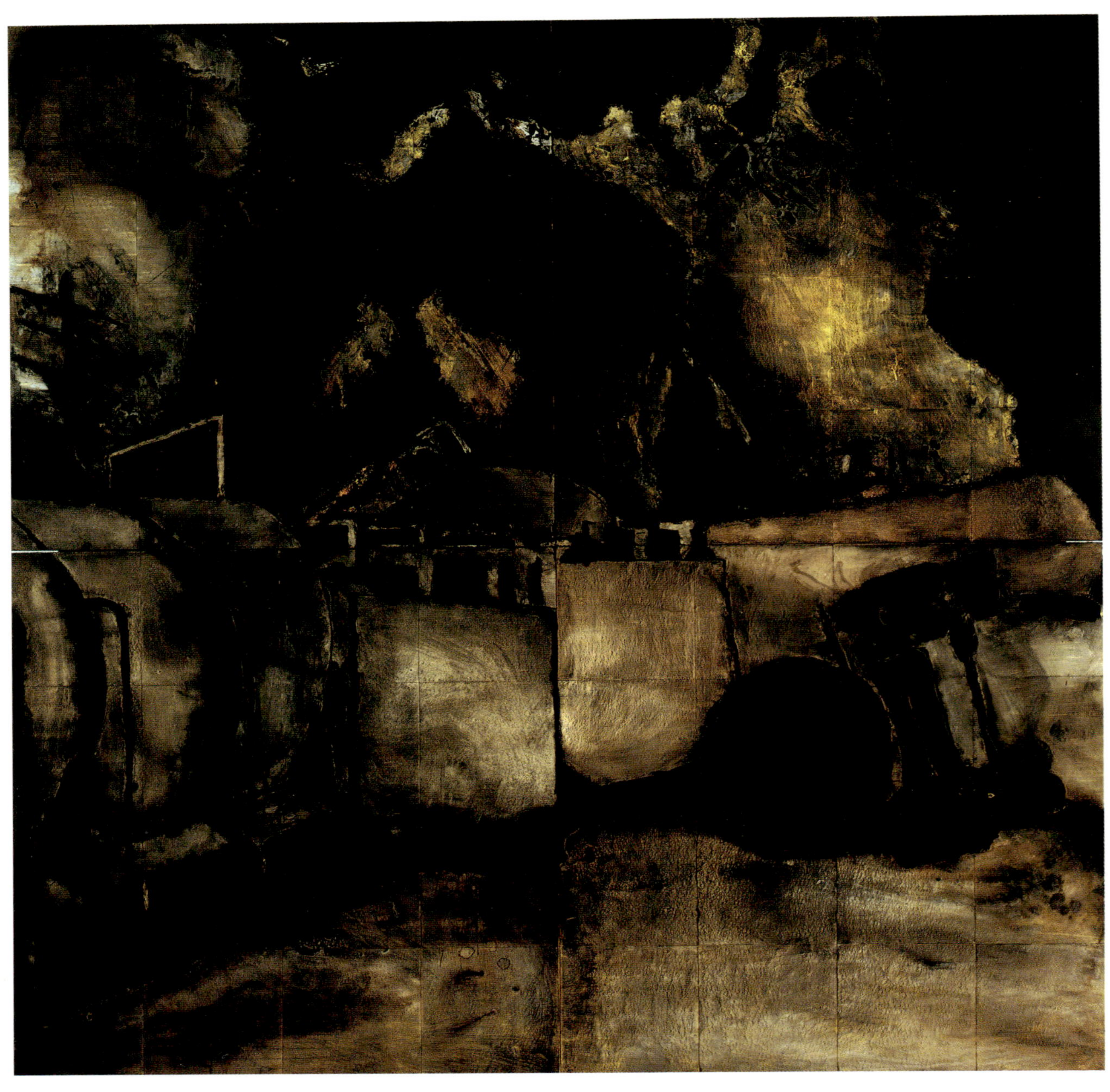

56. *Accident, July 15, 1985*, 1985.

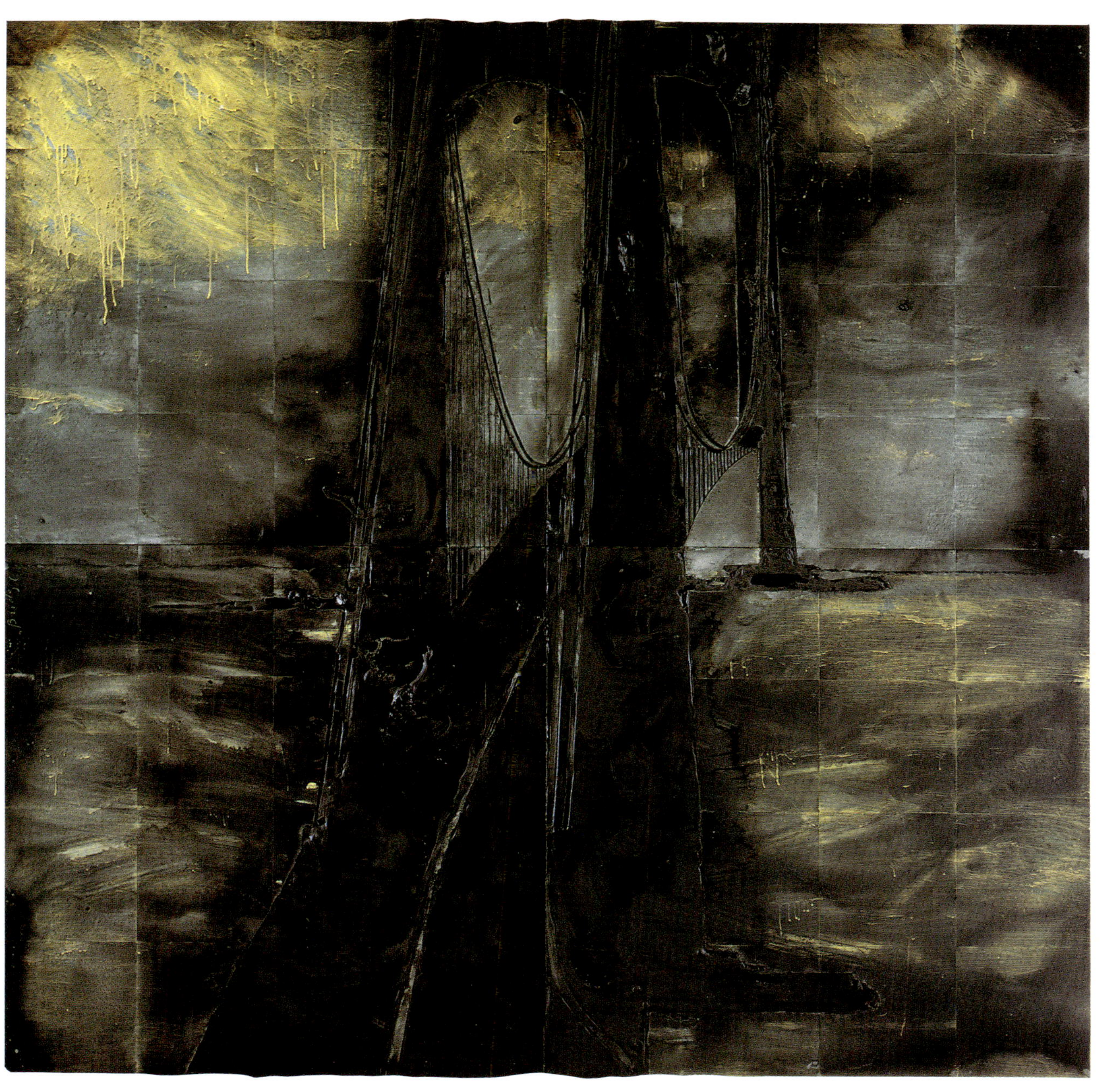

57. *Bridge, July 24, 1986*, 1986.

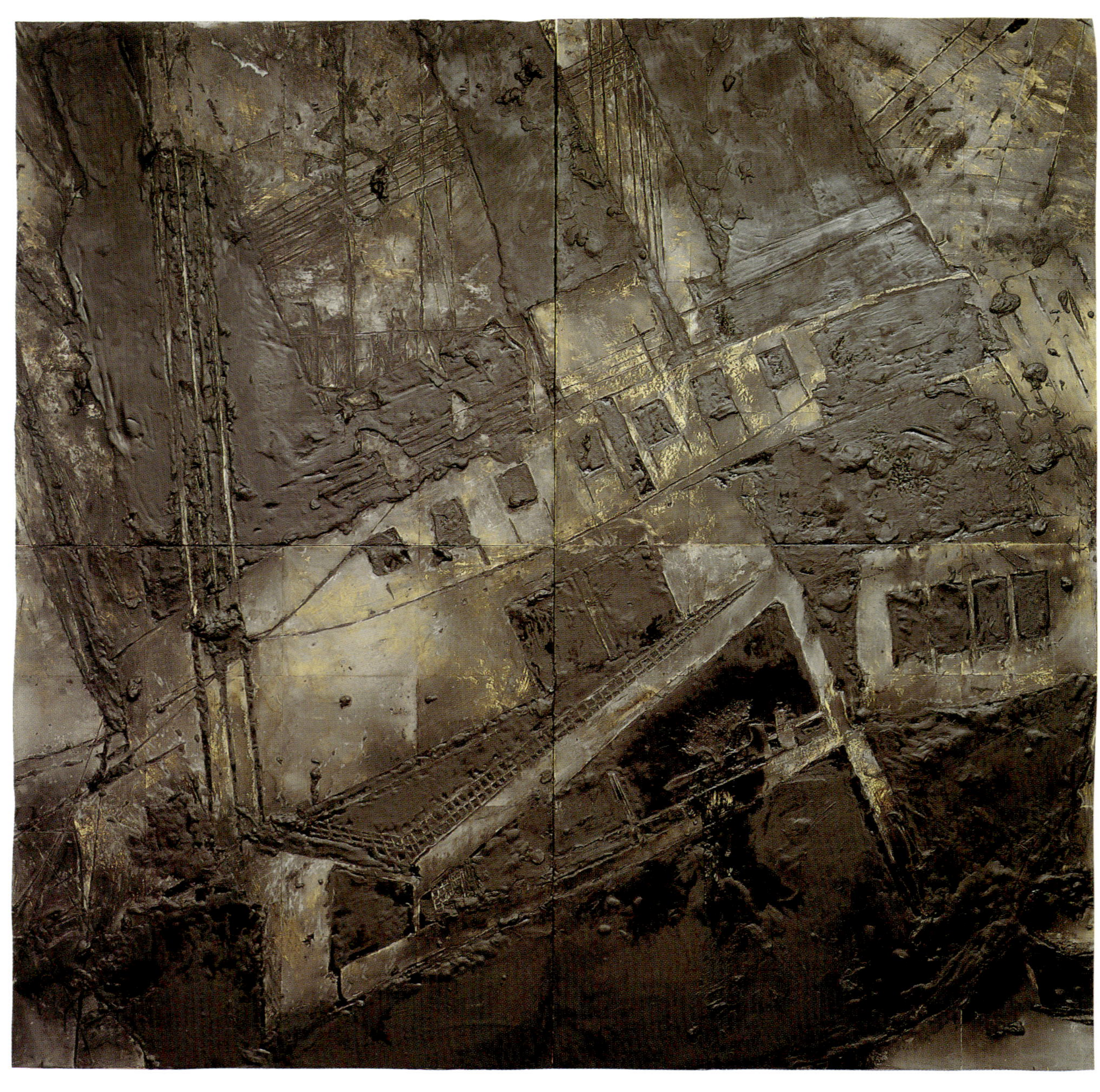

58. *Ferry, September 17, 1987*, 1987.

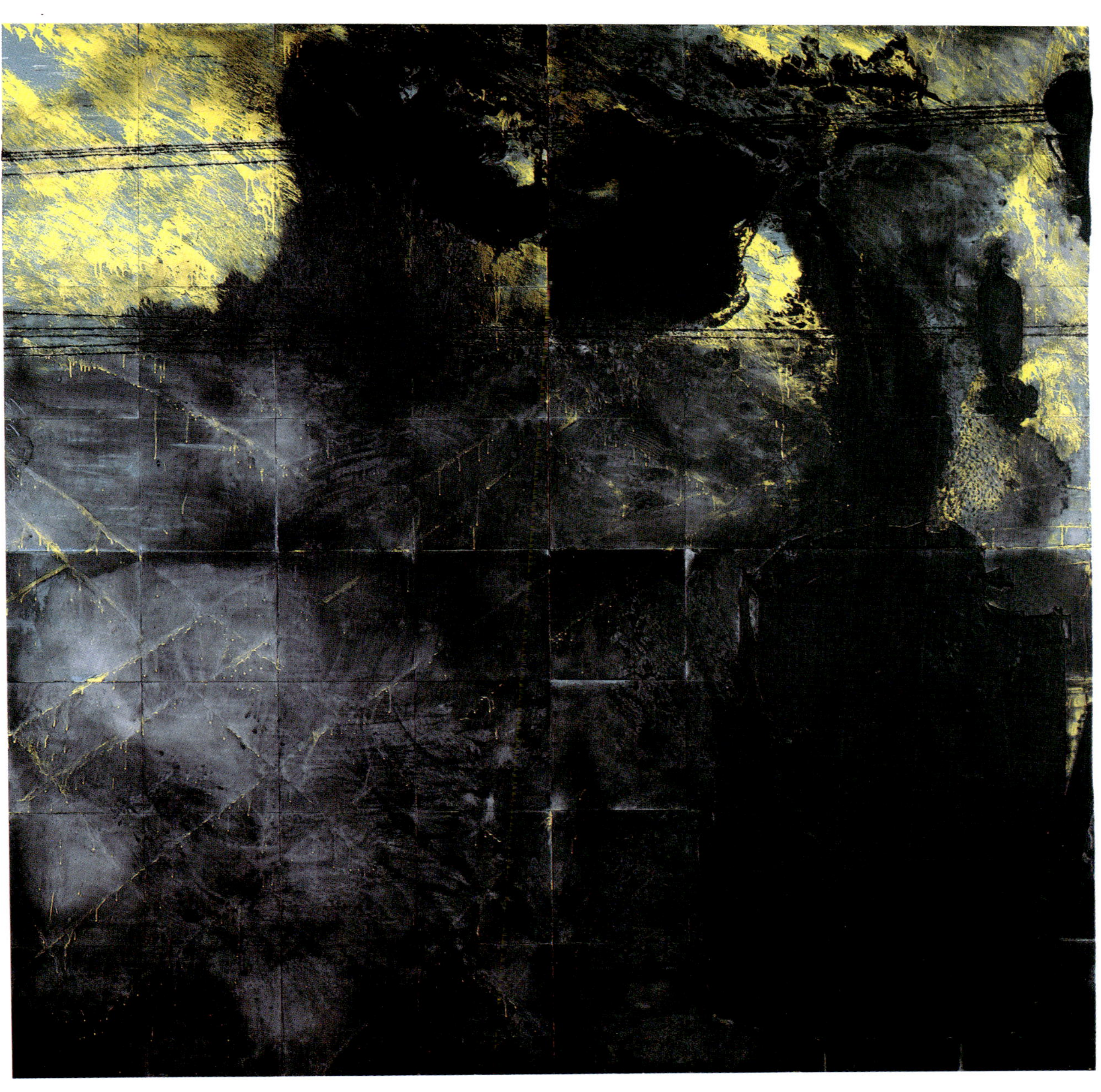

59. *Chinese Railroad, July 11, 1988*, 1988.

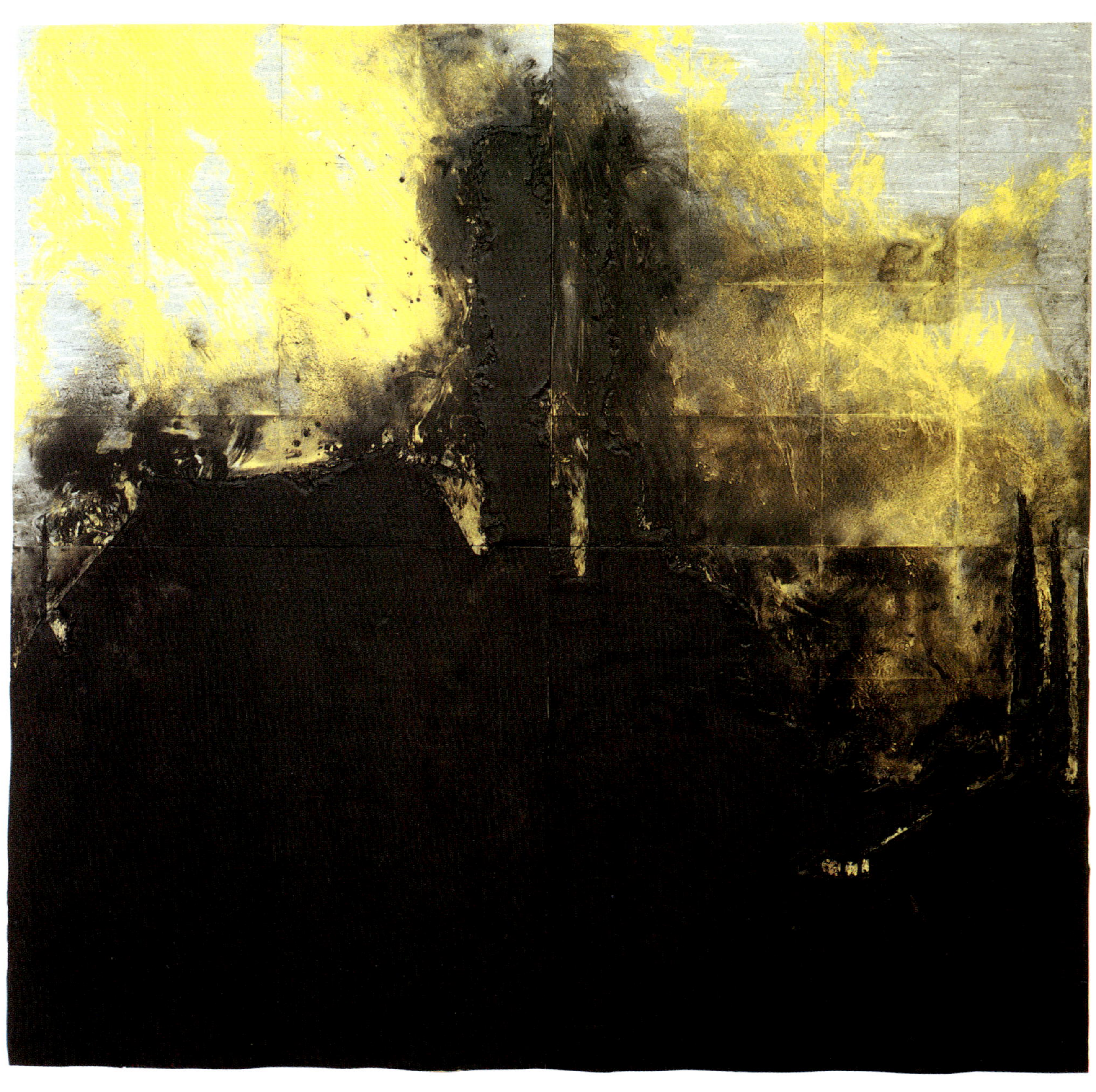

60. *Factory Fire, August 8, 1985*, 1985.

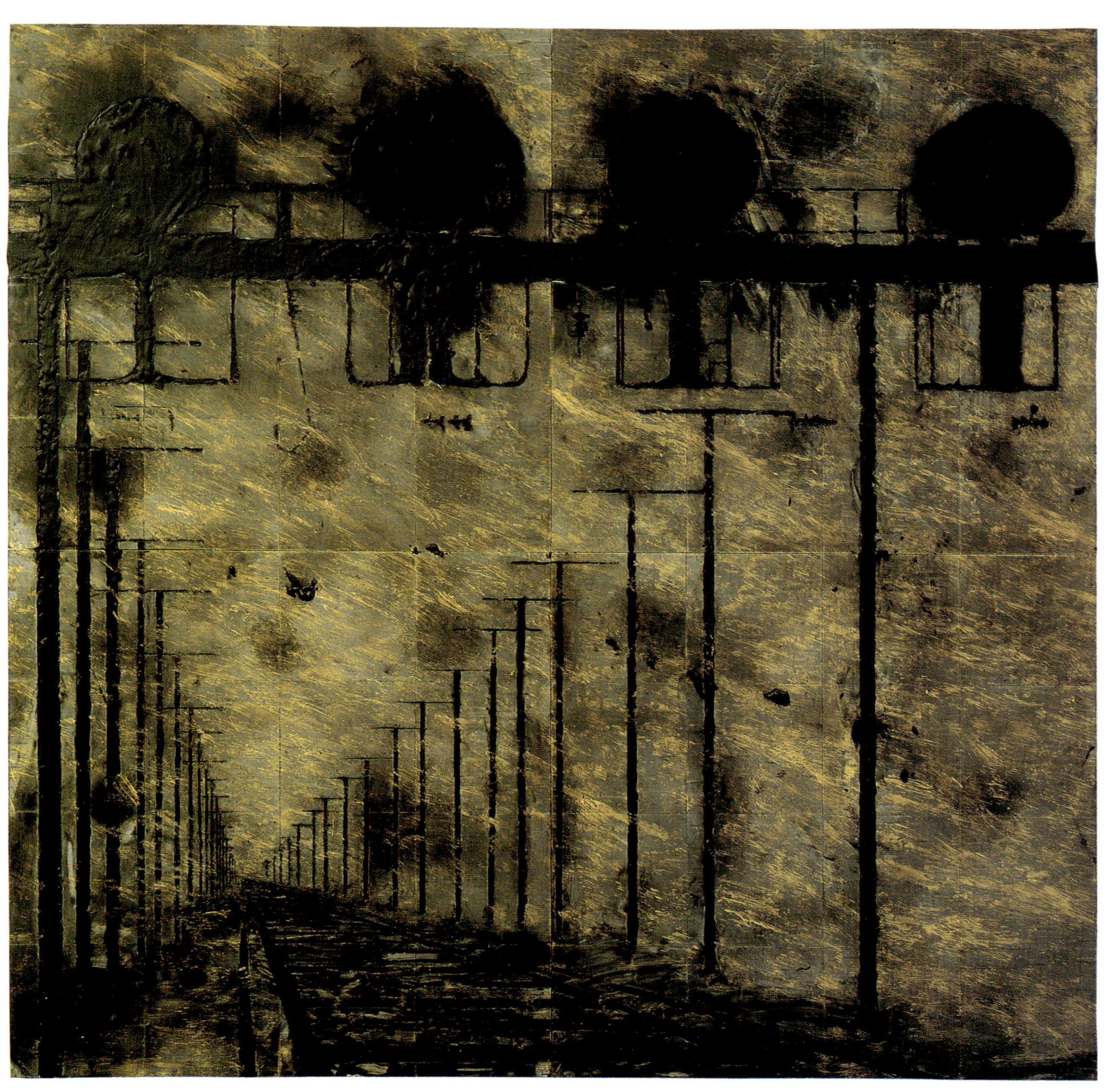

61. *Switching Signals, May 29, 1987*, 1987.

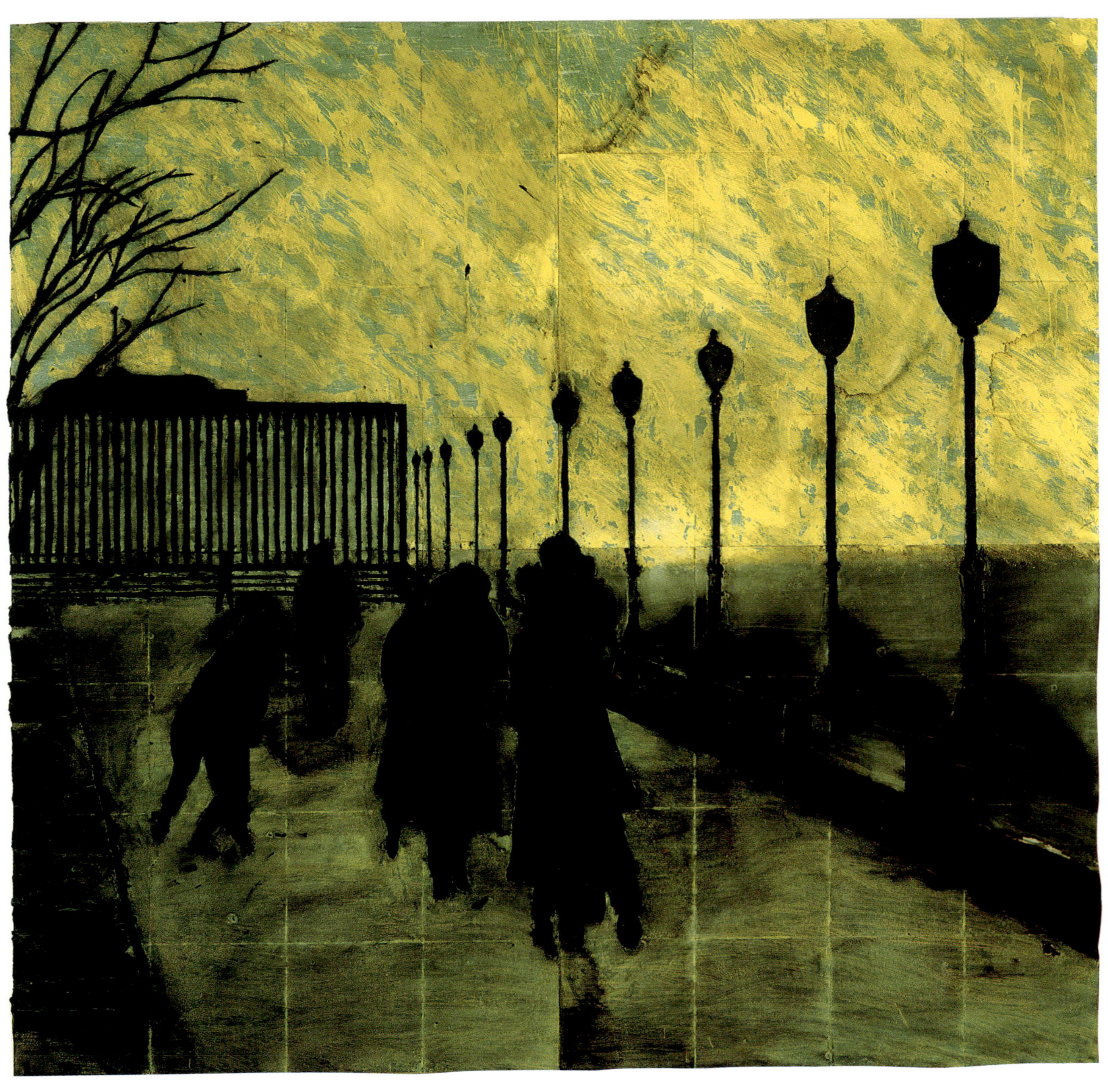

62. *Battery, May 5, 1986*, 1986.

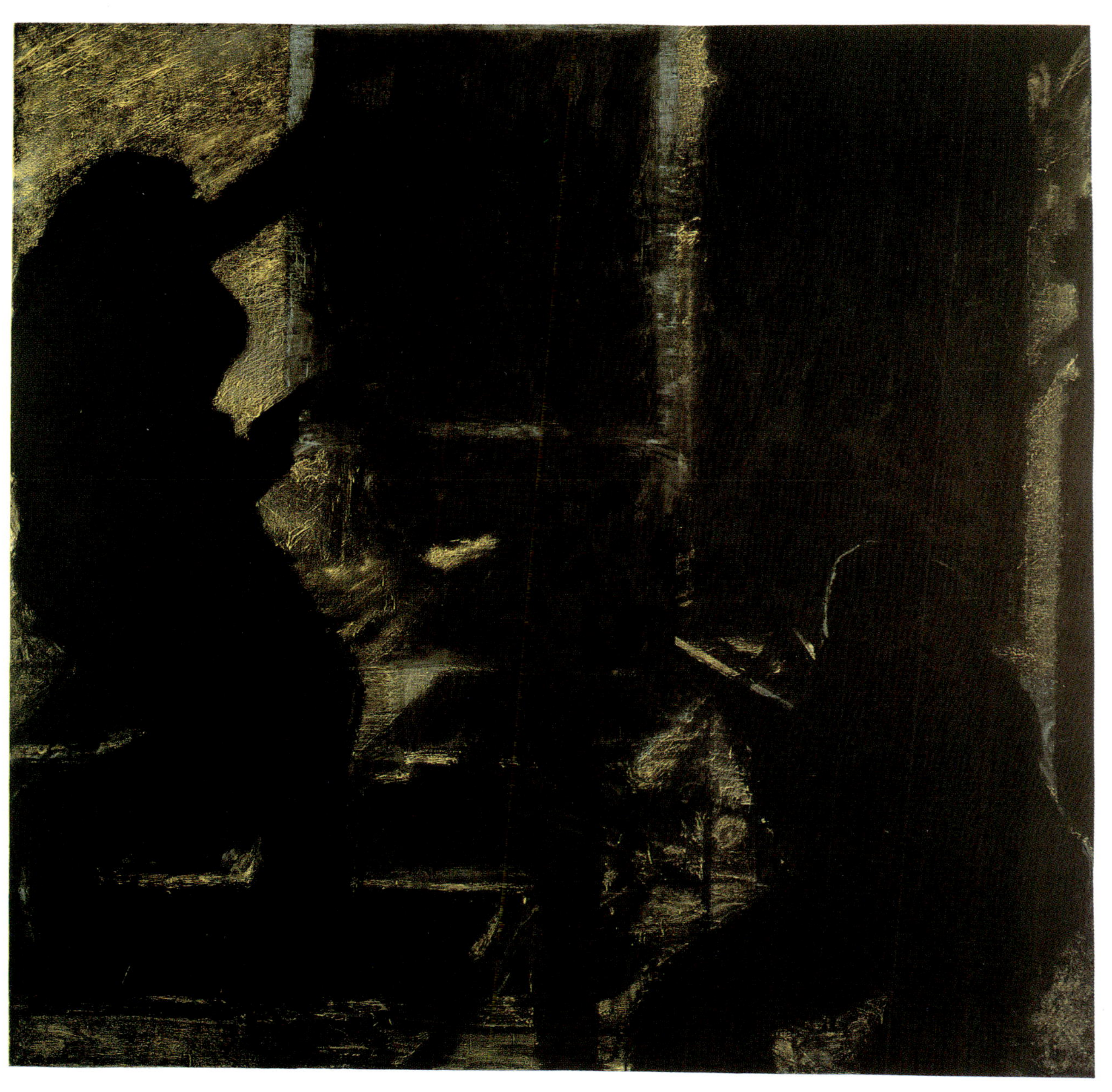

63. *Stakeout, April 19, 1988*, 1988.

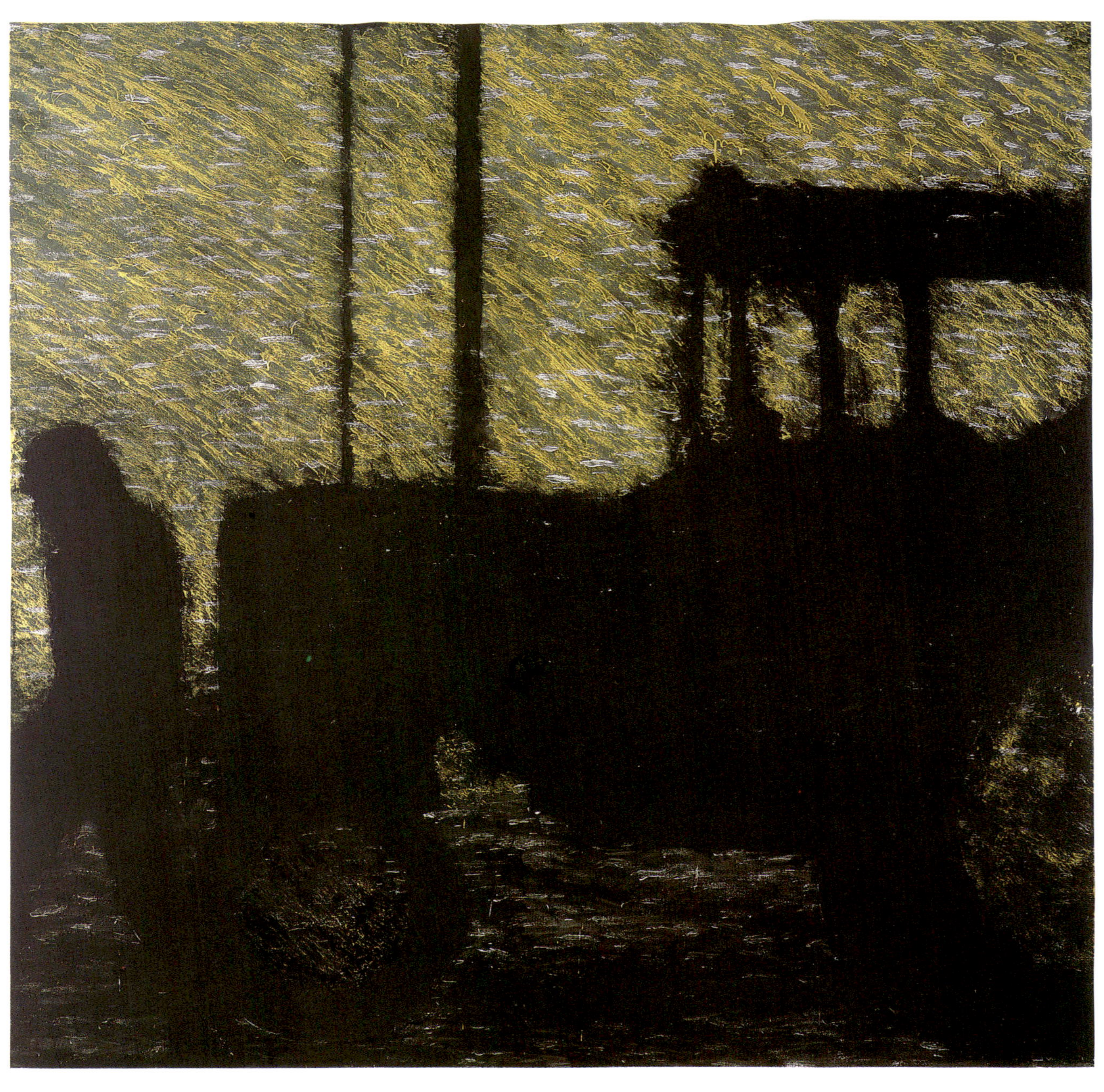

64. *Drought Relief, October 3, 1988*, 1988.

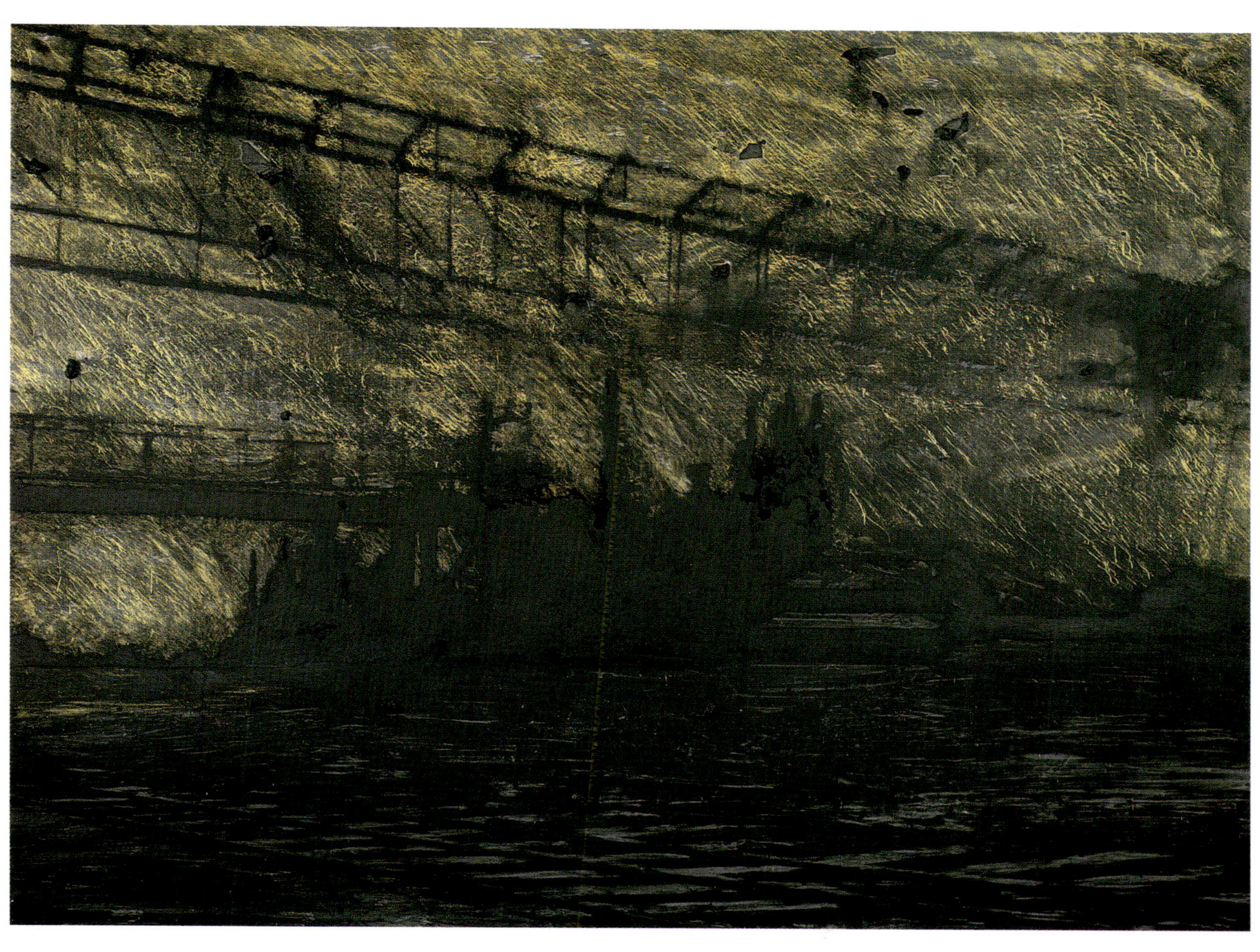

65. *Dead Plant, November 1, 1988*, 1988.

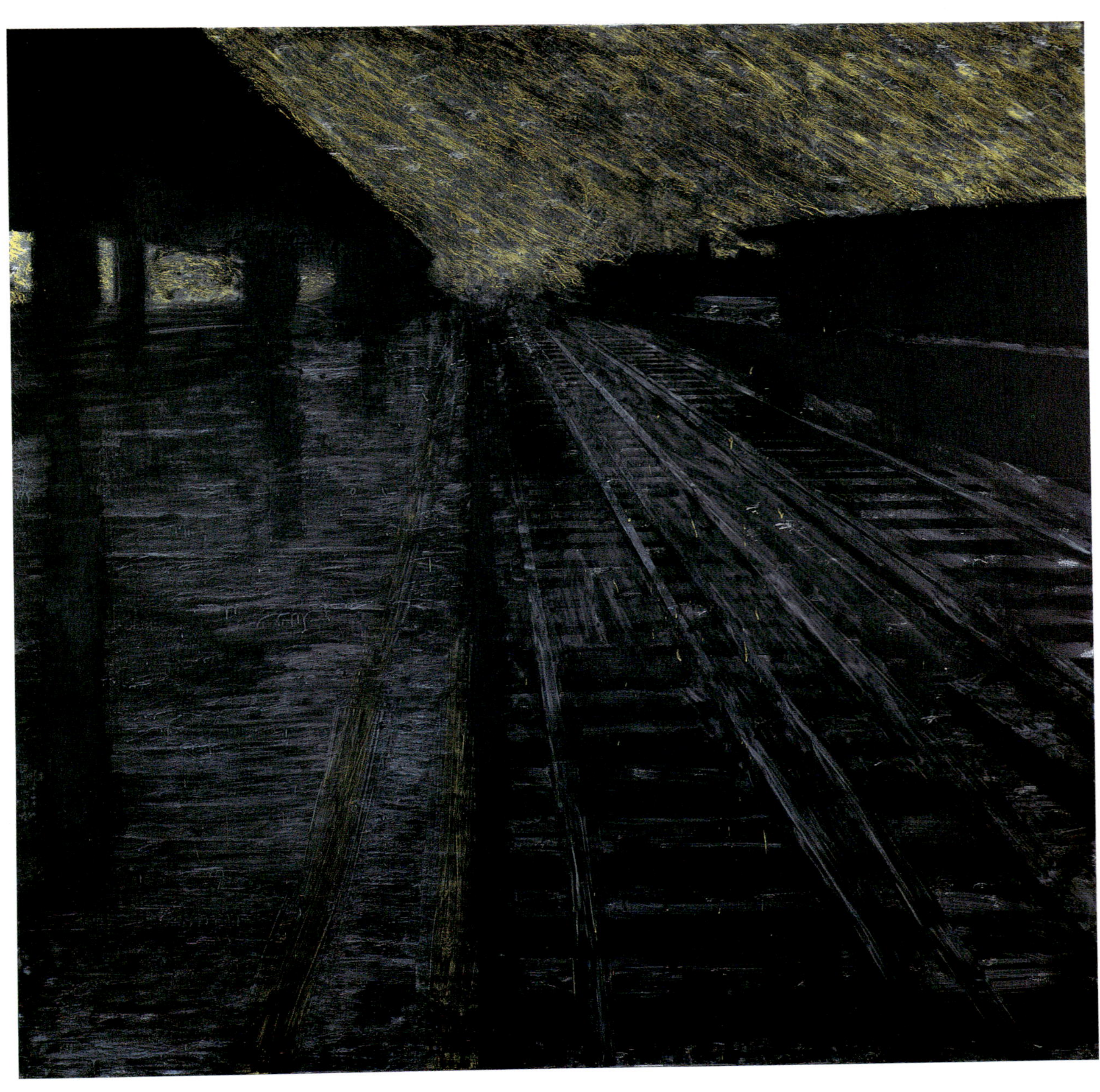

66. *Herndon Railway, August 18, 1988*, 1988.

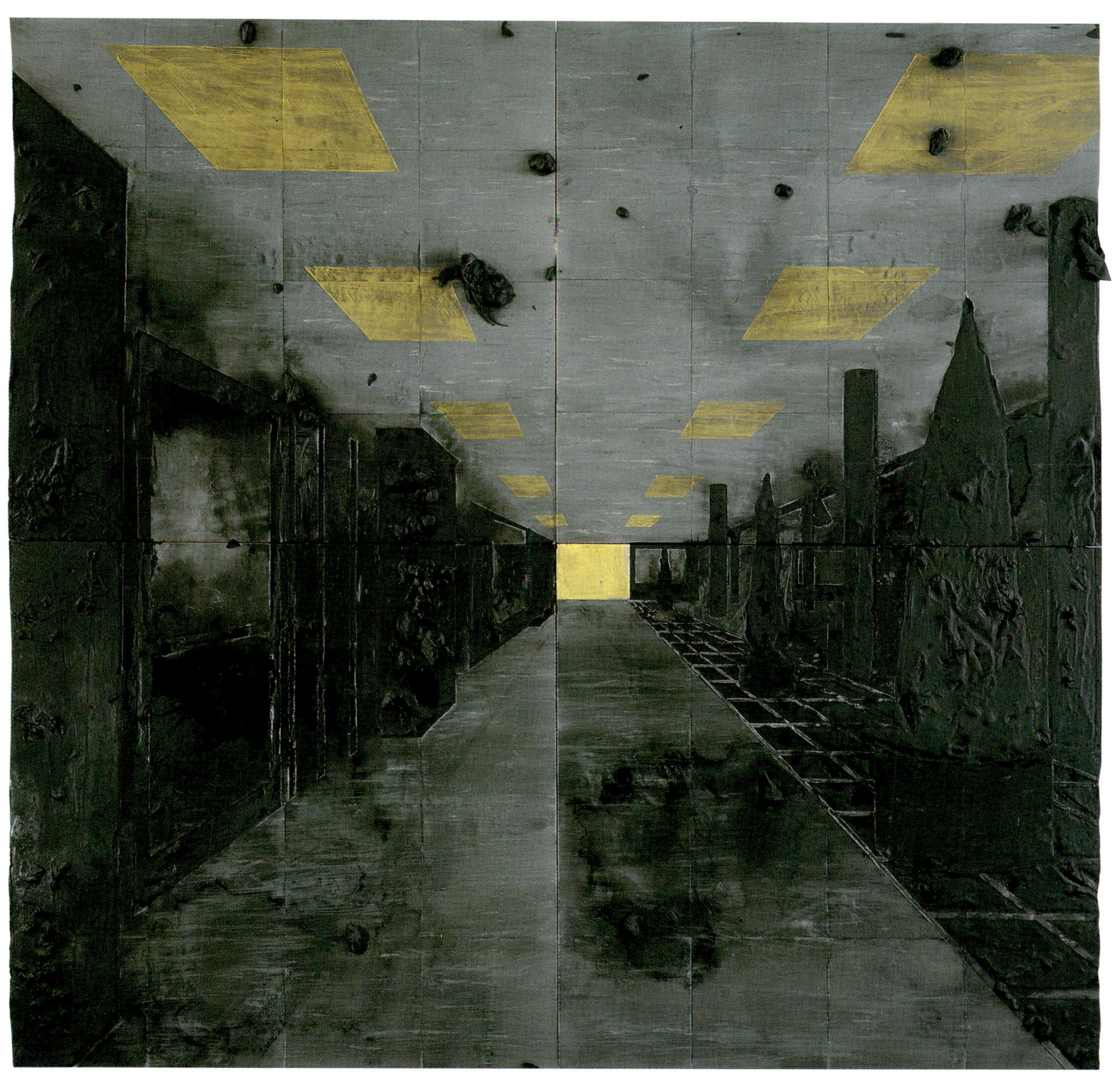

67. *Mall, January 19, 1989*, 1989.

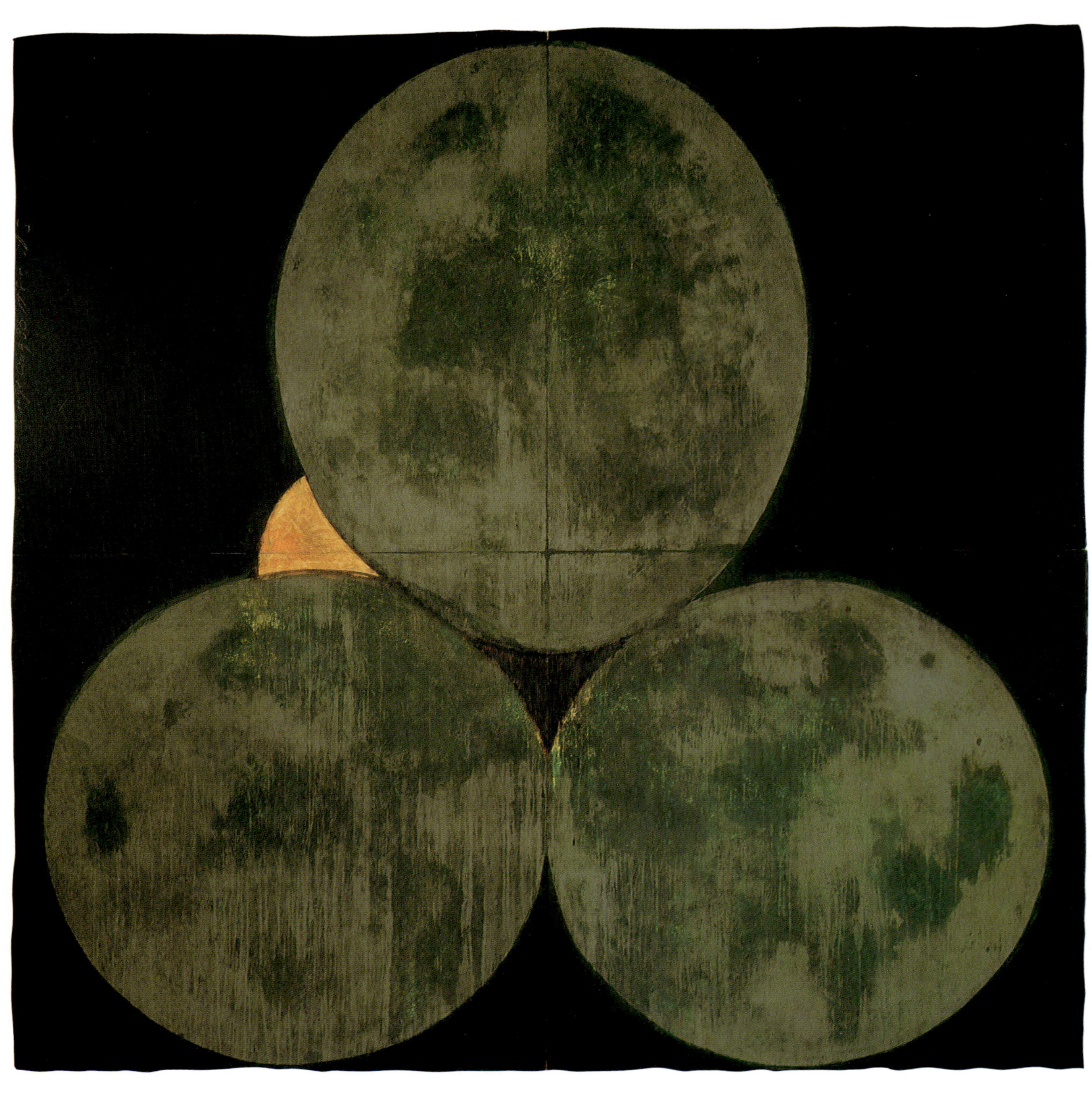

68. *Three old Limes and an Orange, August 30, 1988*, 1988.

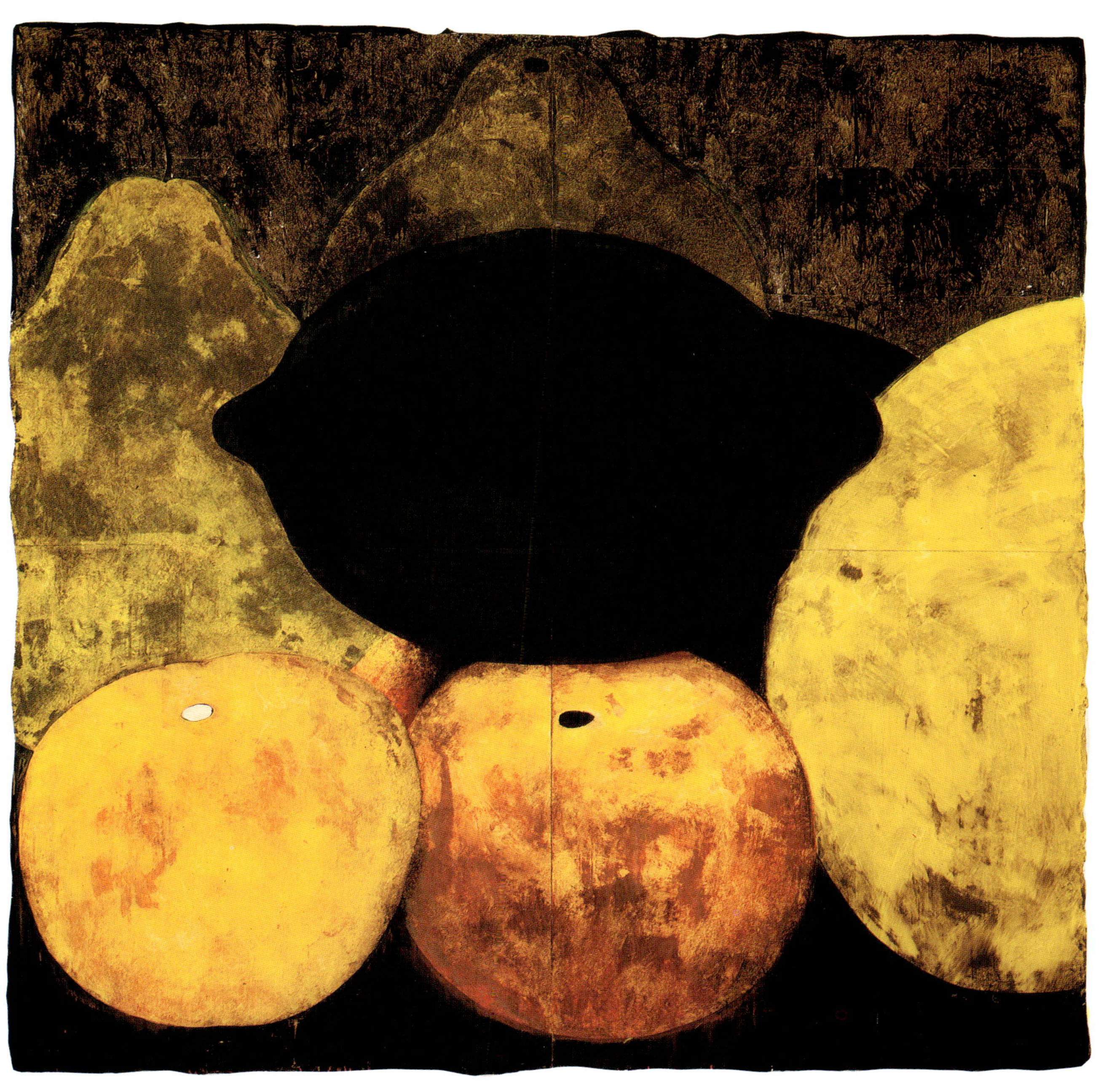

69. *Three Apples, three Pears and a Lemon, December 6, 1986*, 1986.

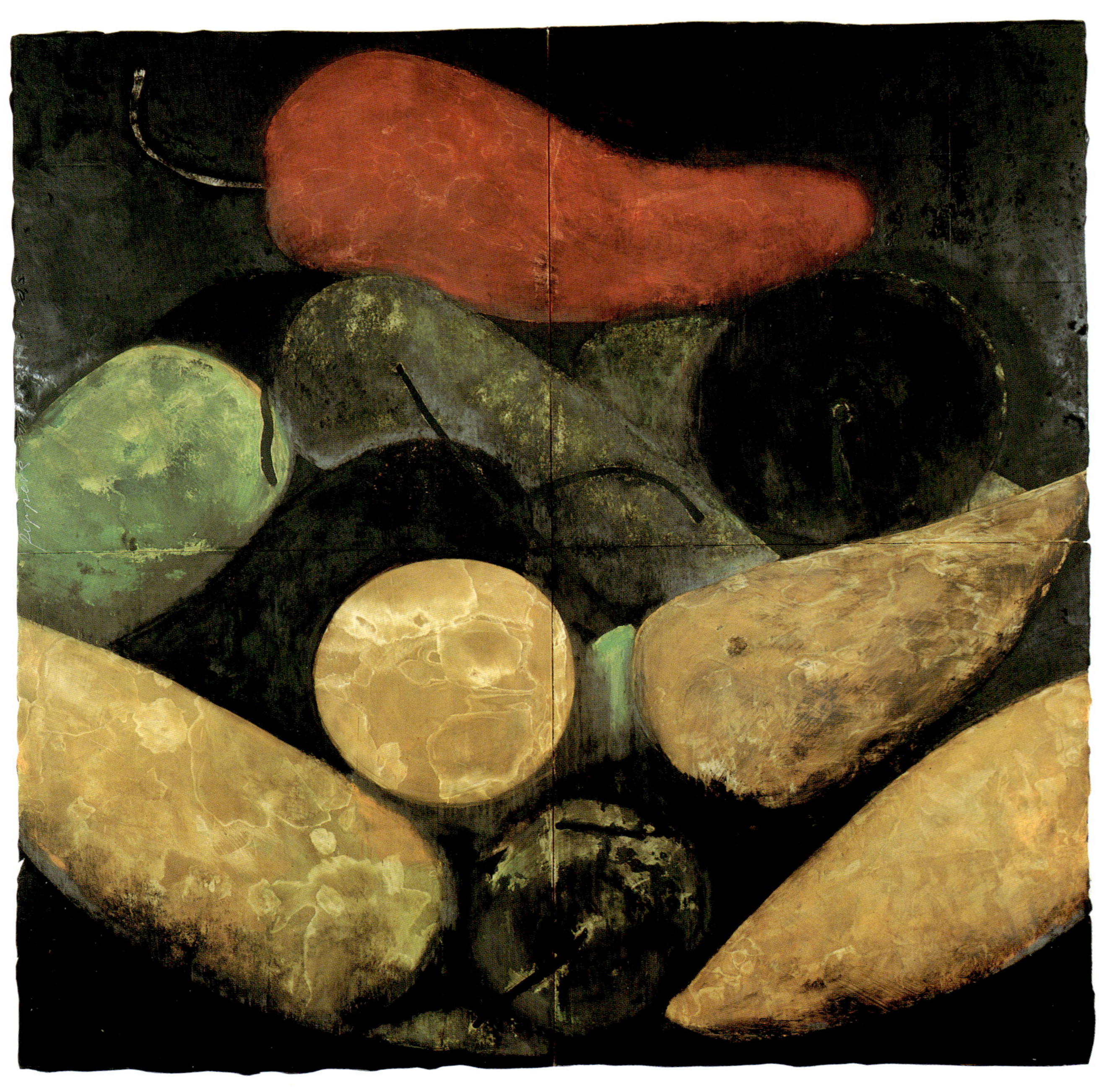

70. *Peppers, March 3, 1989*, 1989.

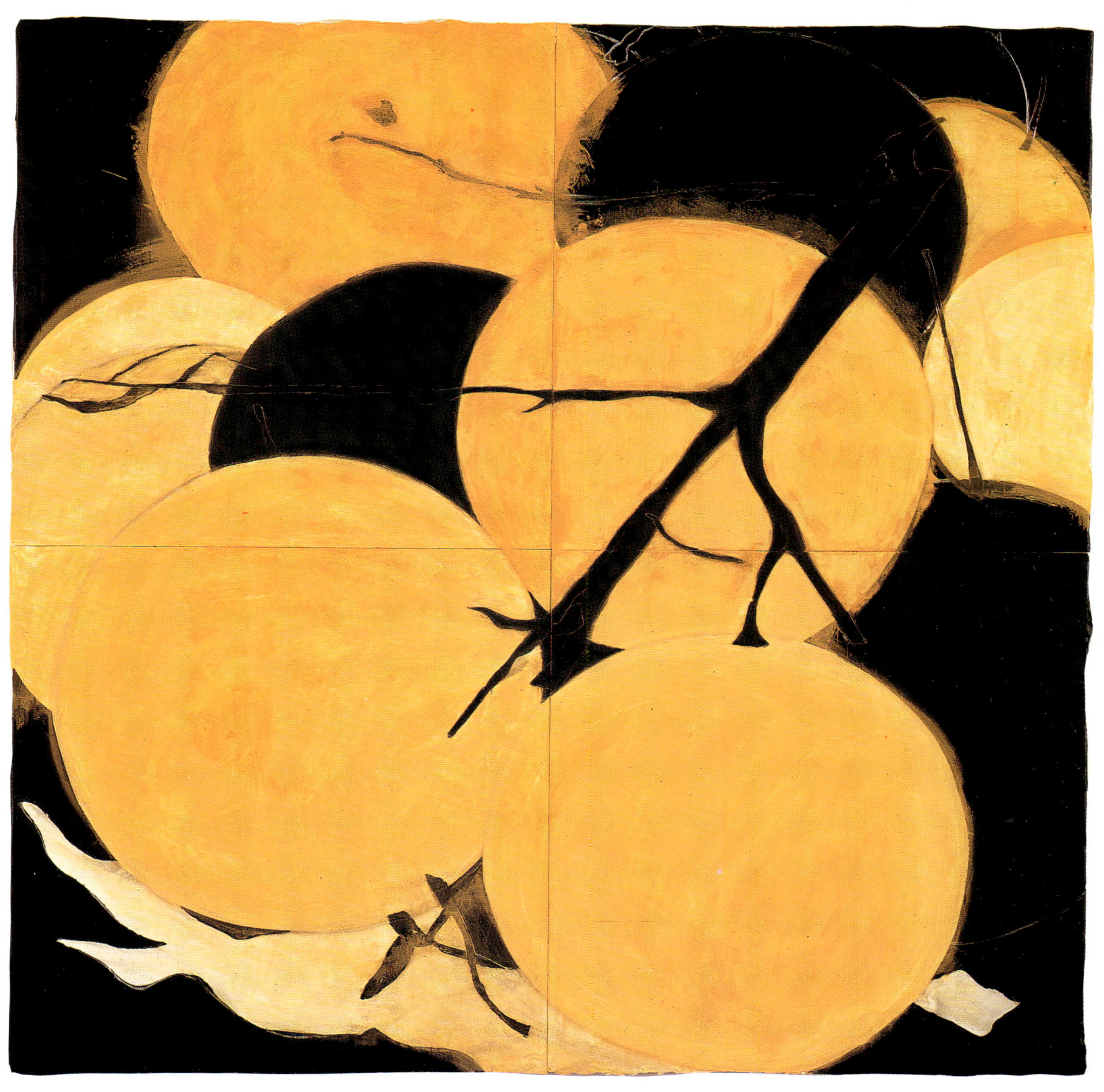

71. *Oranges, February 27, 1987*, 1987.

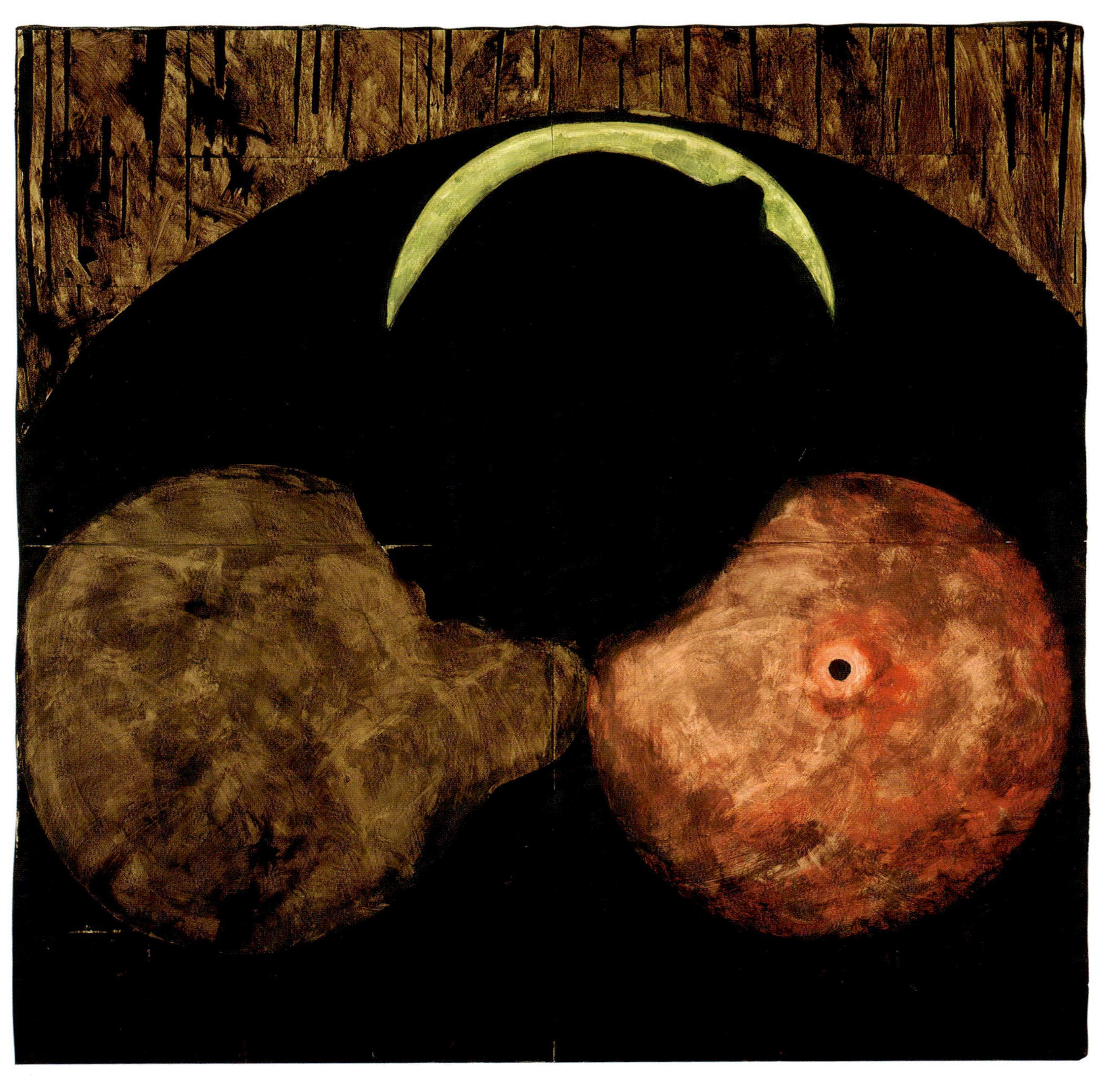

72. *Two Apples, a Lemon and a Pear, June 30, 1985*, 1985.

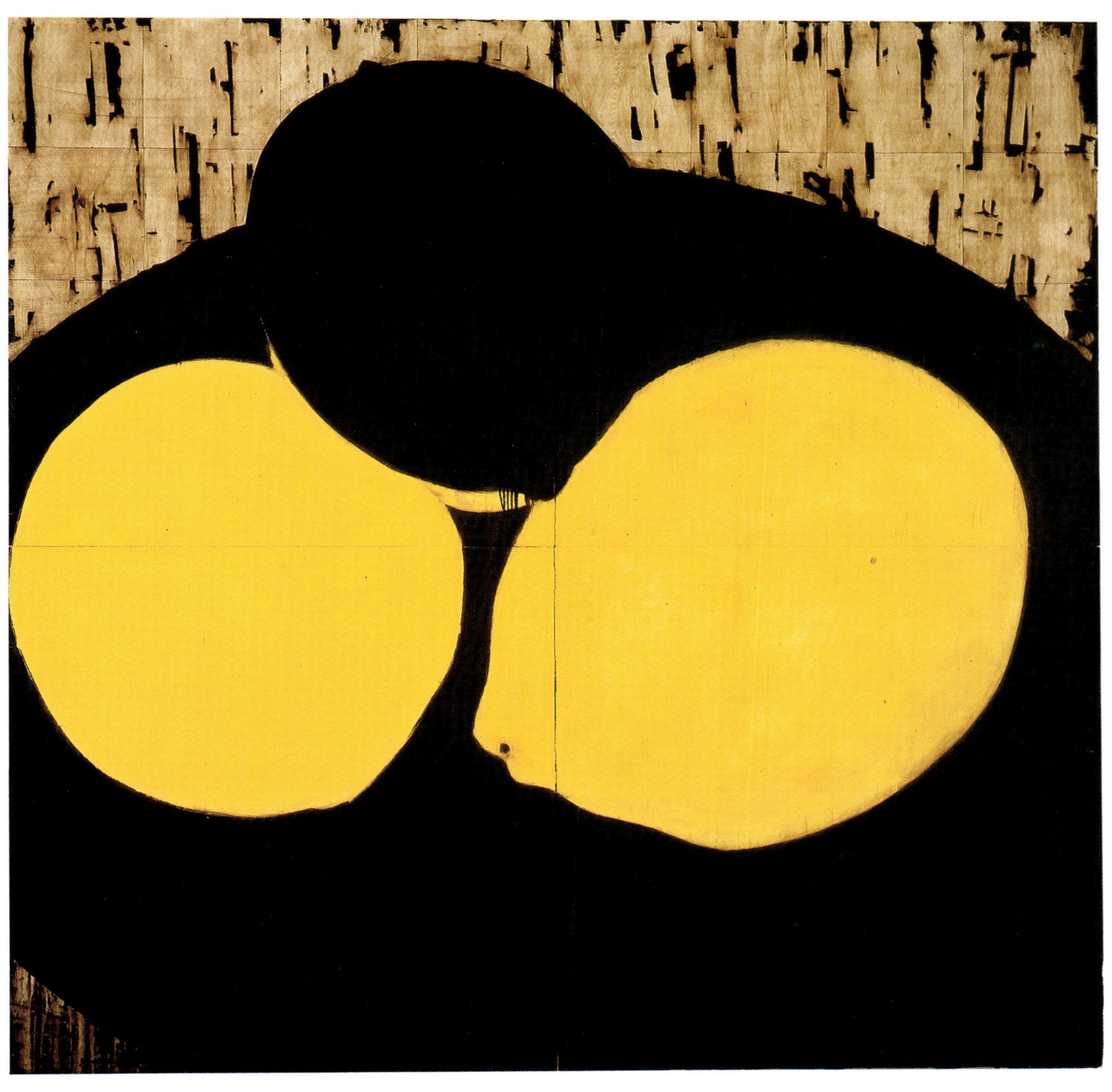

73. *Four Lemons, November 21, 1984*, 1984.

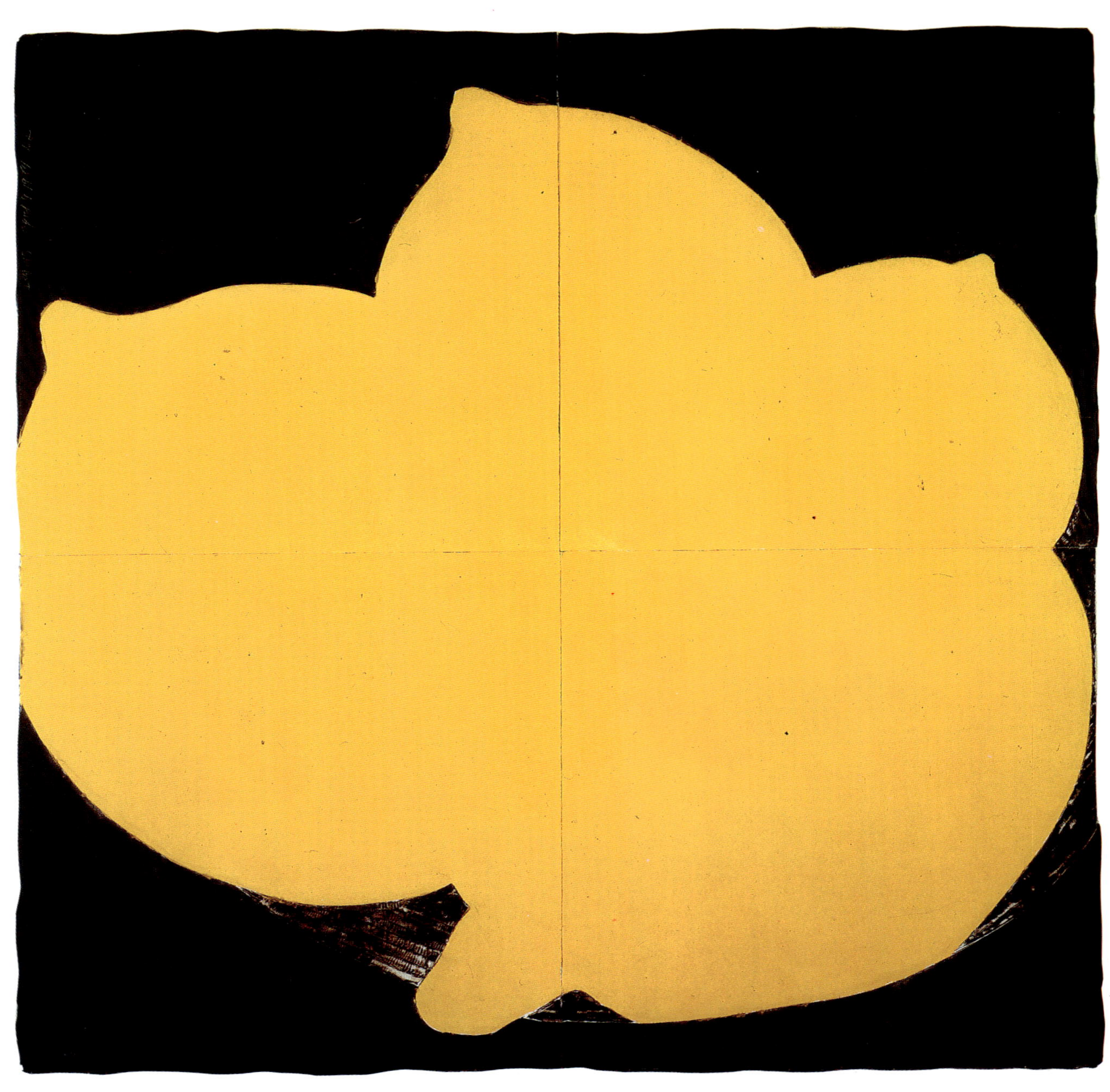

74. *Lemons, April 9, 1984*, 1984.

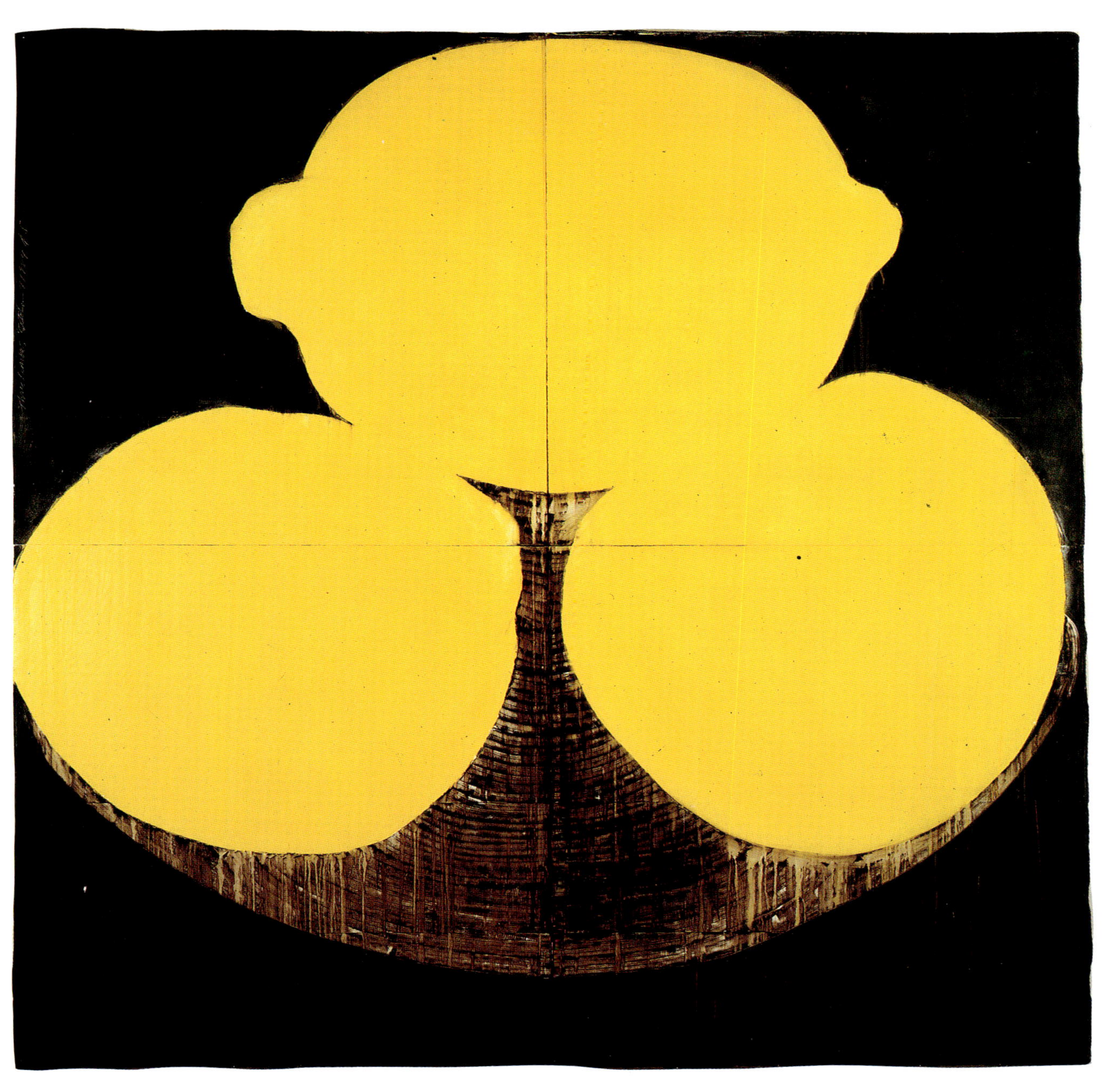

75. *Three Lemons, October 4, 1984*, 1984.

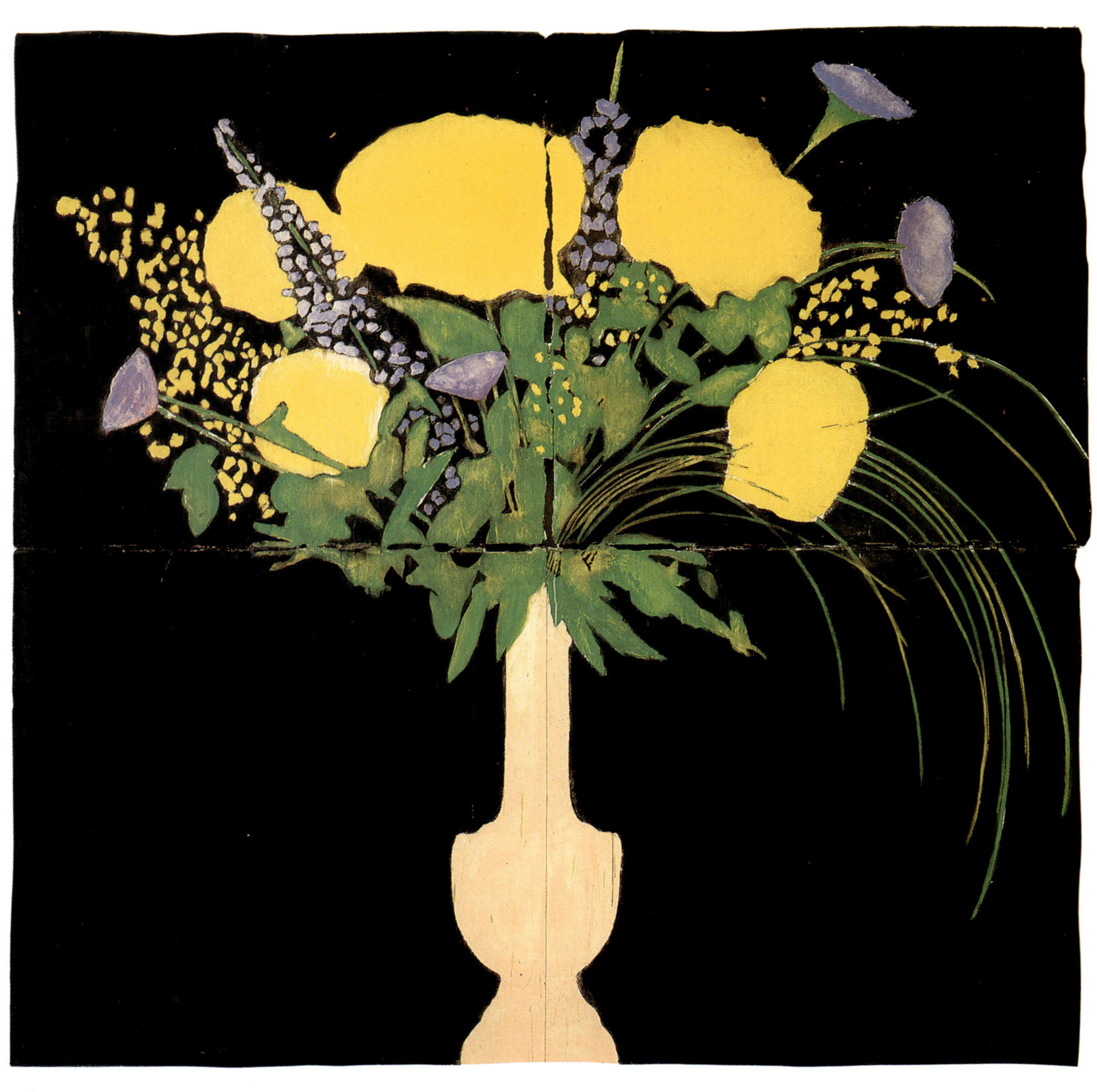

76. *Flowers and Vase, January 24, 1983*, 1983.

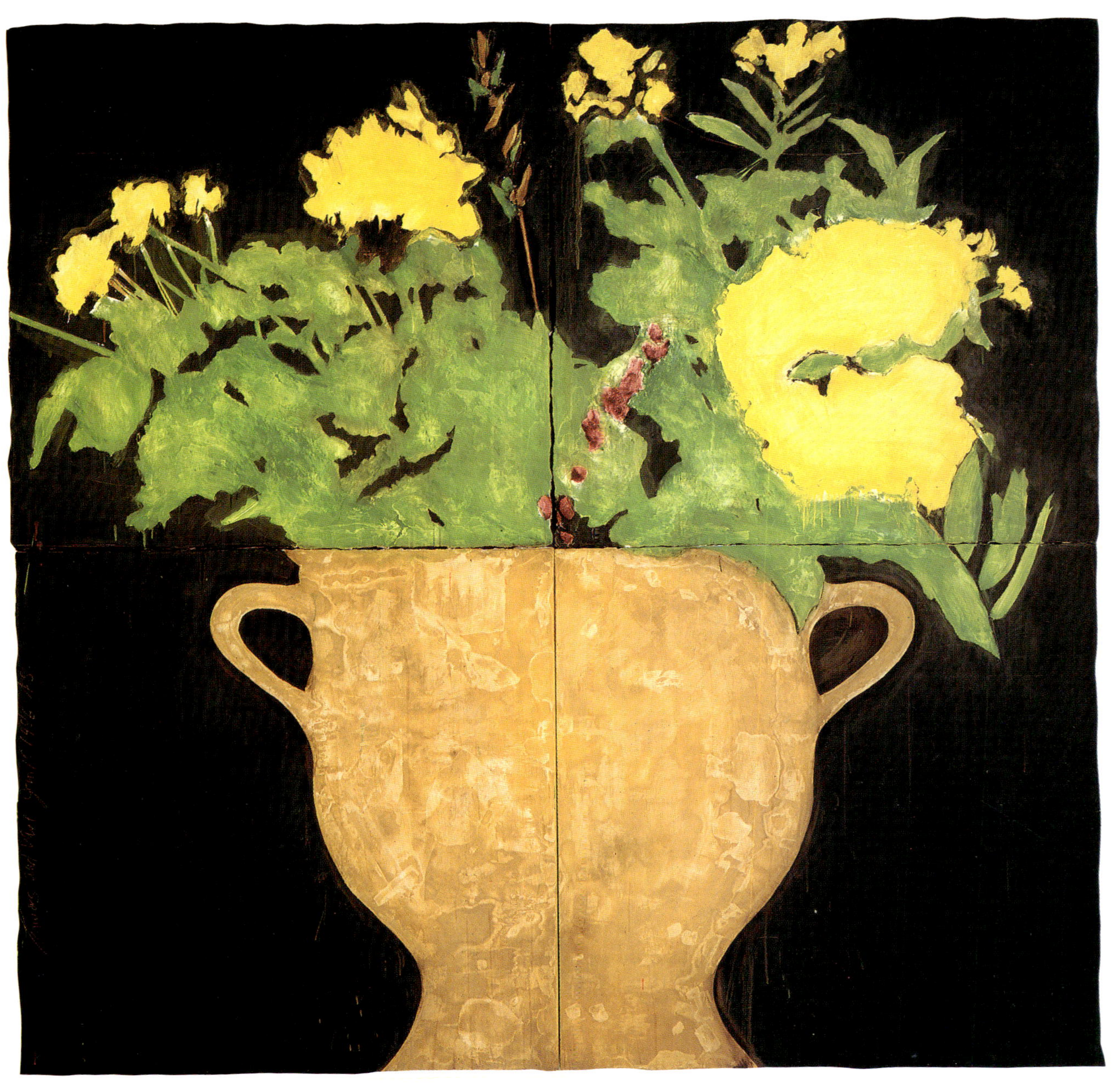

77. *Flowers and Vase, January 10, 1986*, 1986.

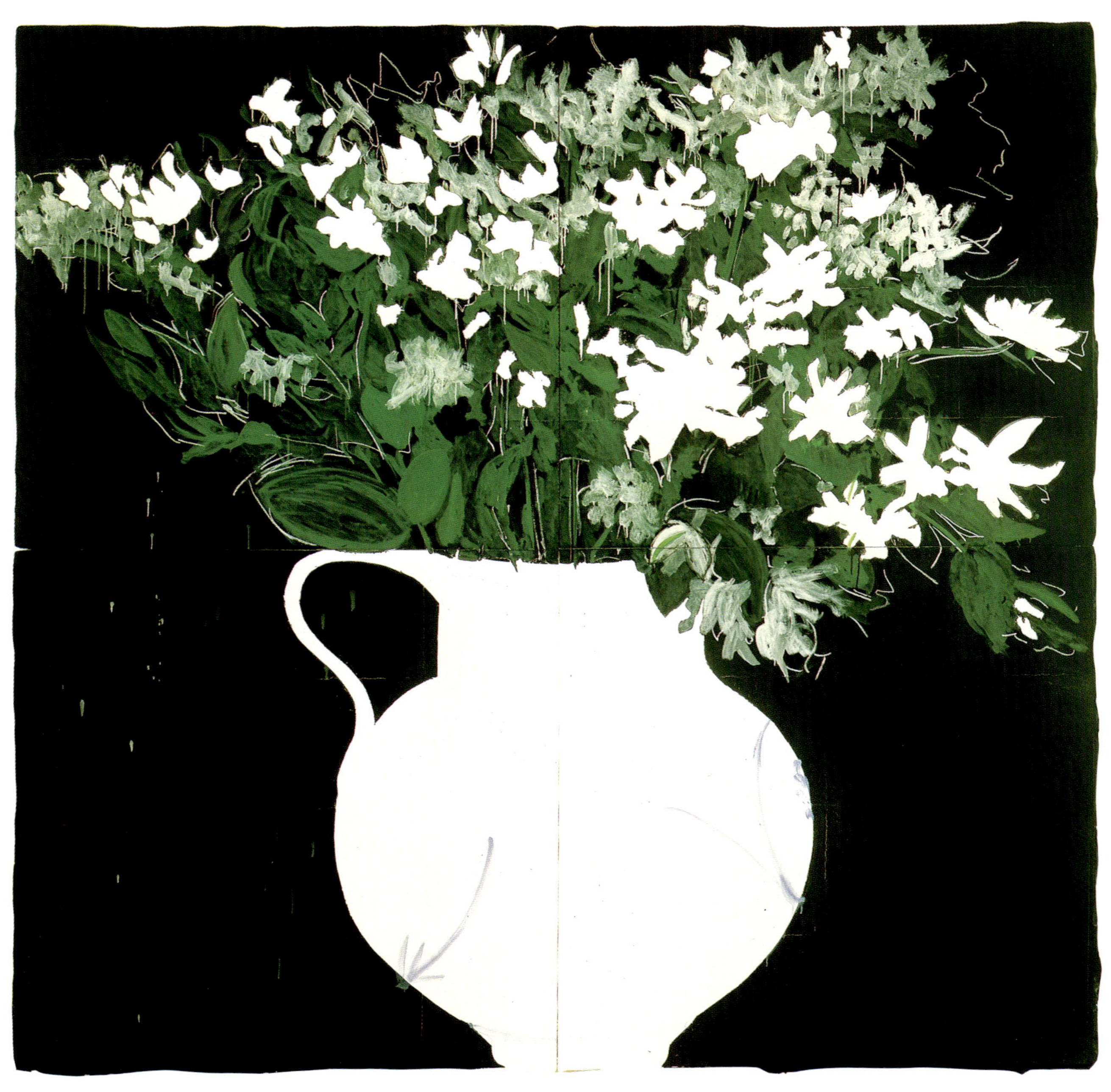

78. *Euphorbia, November 21, 1986*, 1986.

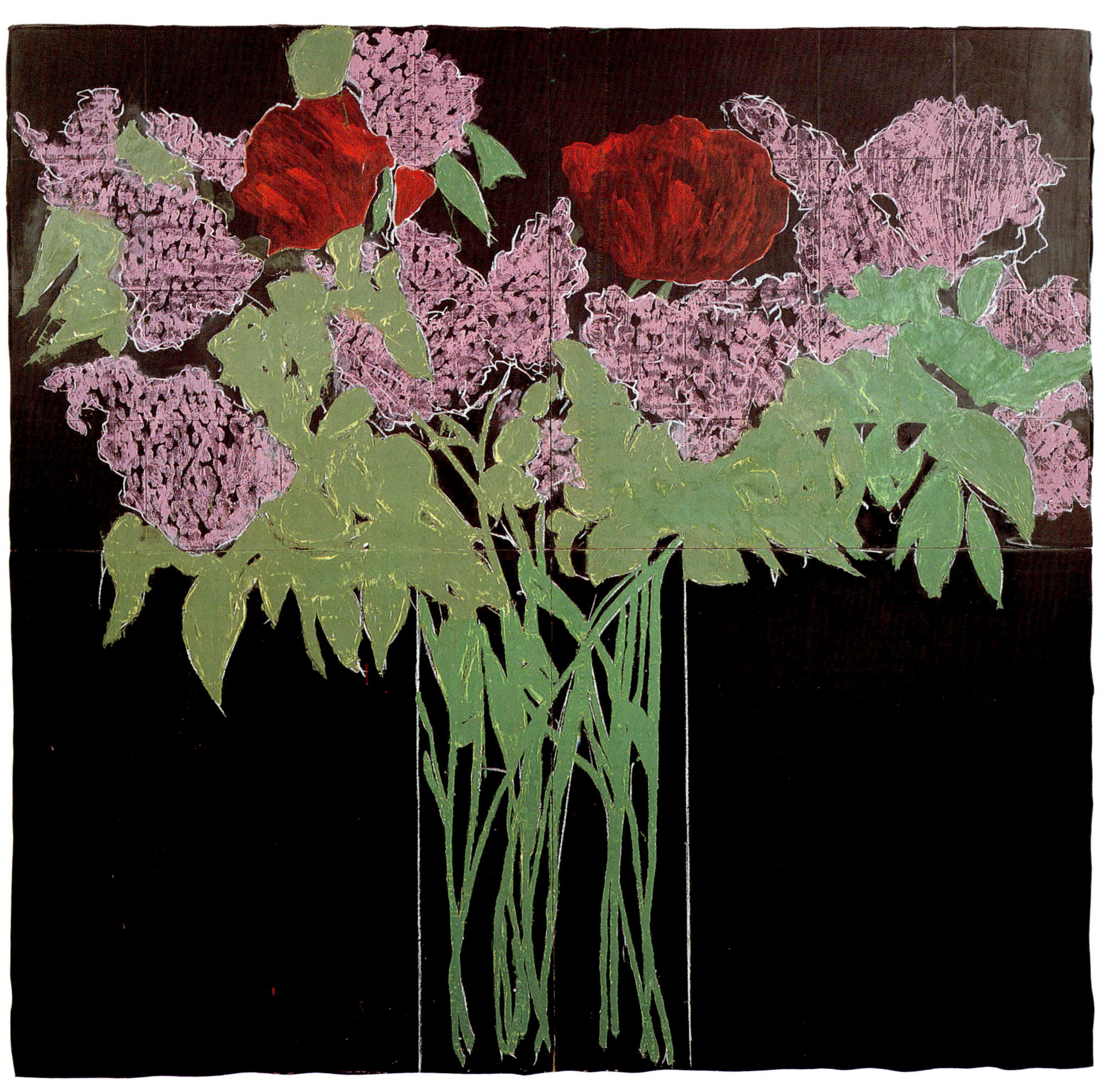

79. *Lilacs in a Vase, July 12, 1987*, 1987.

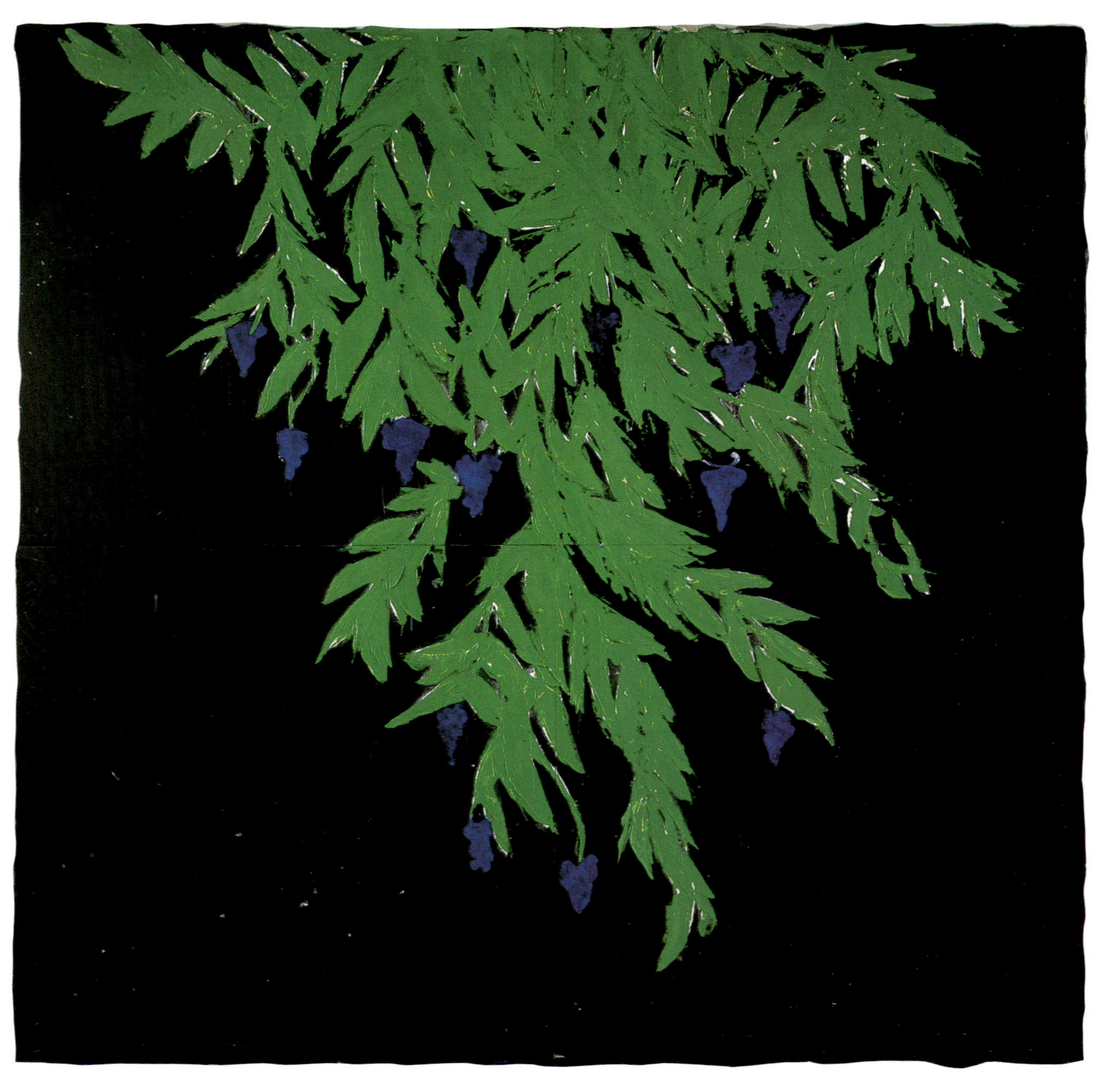

80. *Wysteria, September 4, 1988*, 1988.

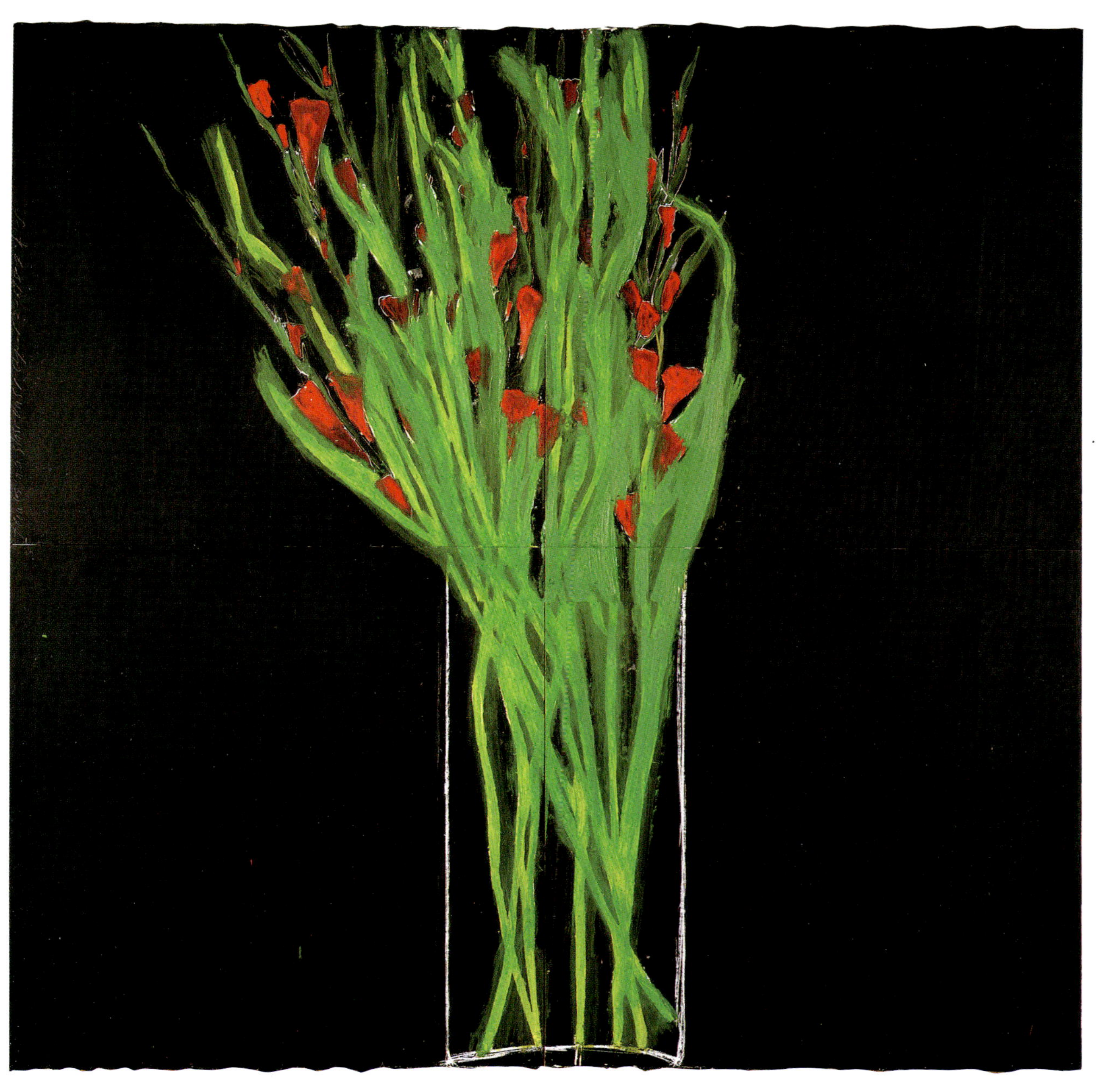

81. *Flowers in a Glass Vase, April 23, 1987*, 1987.

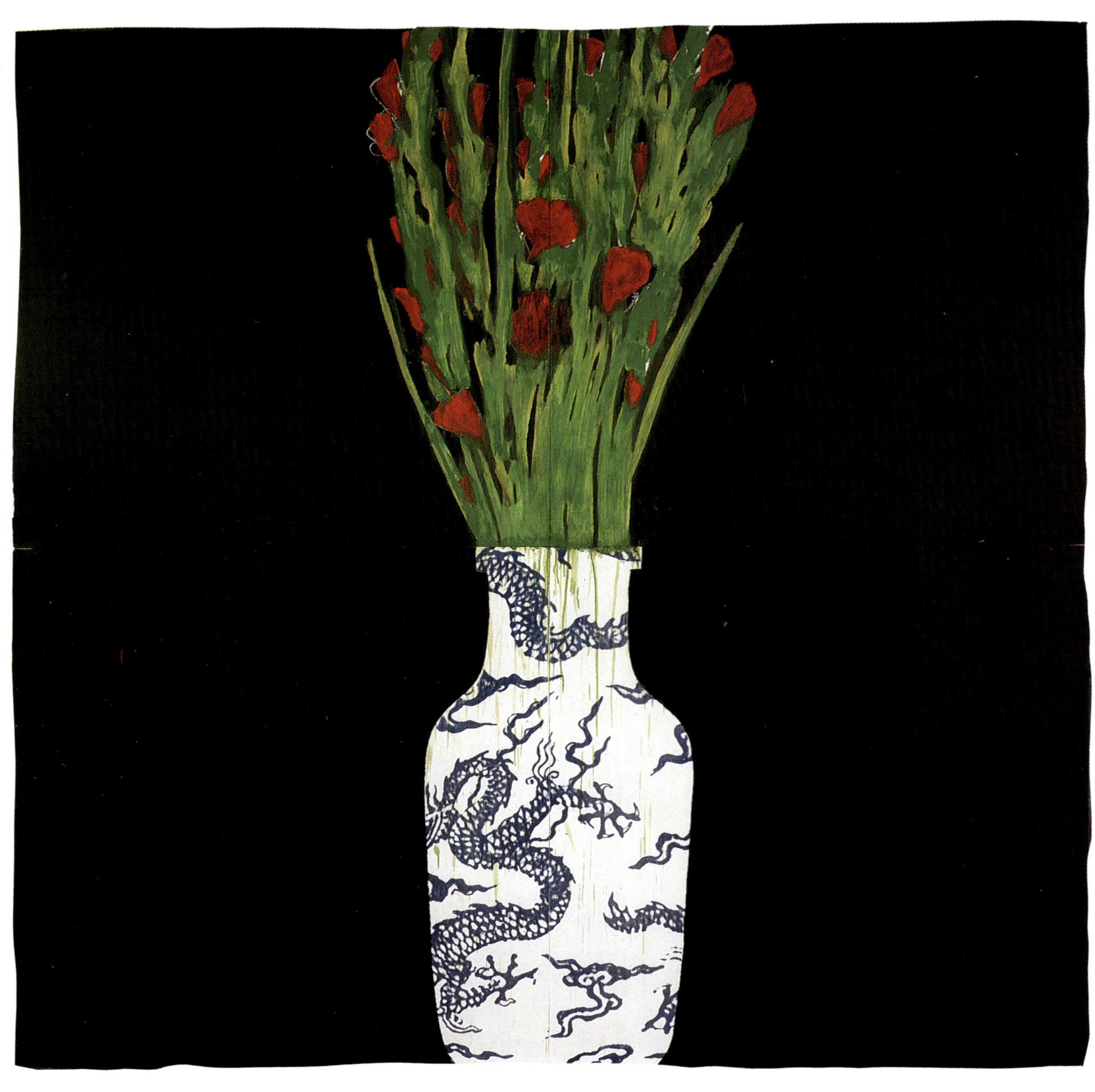

82. *Gladiolas in a Chinese Vase, November 1, 1988*, 1988.

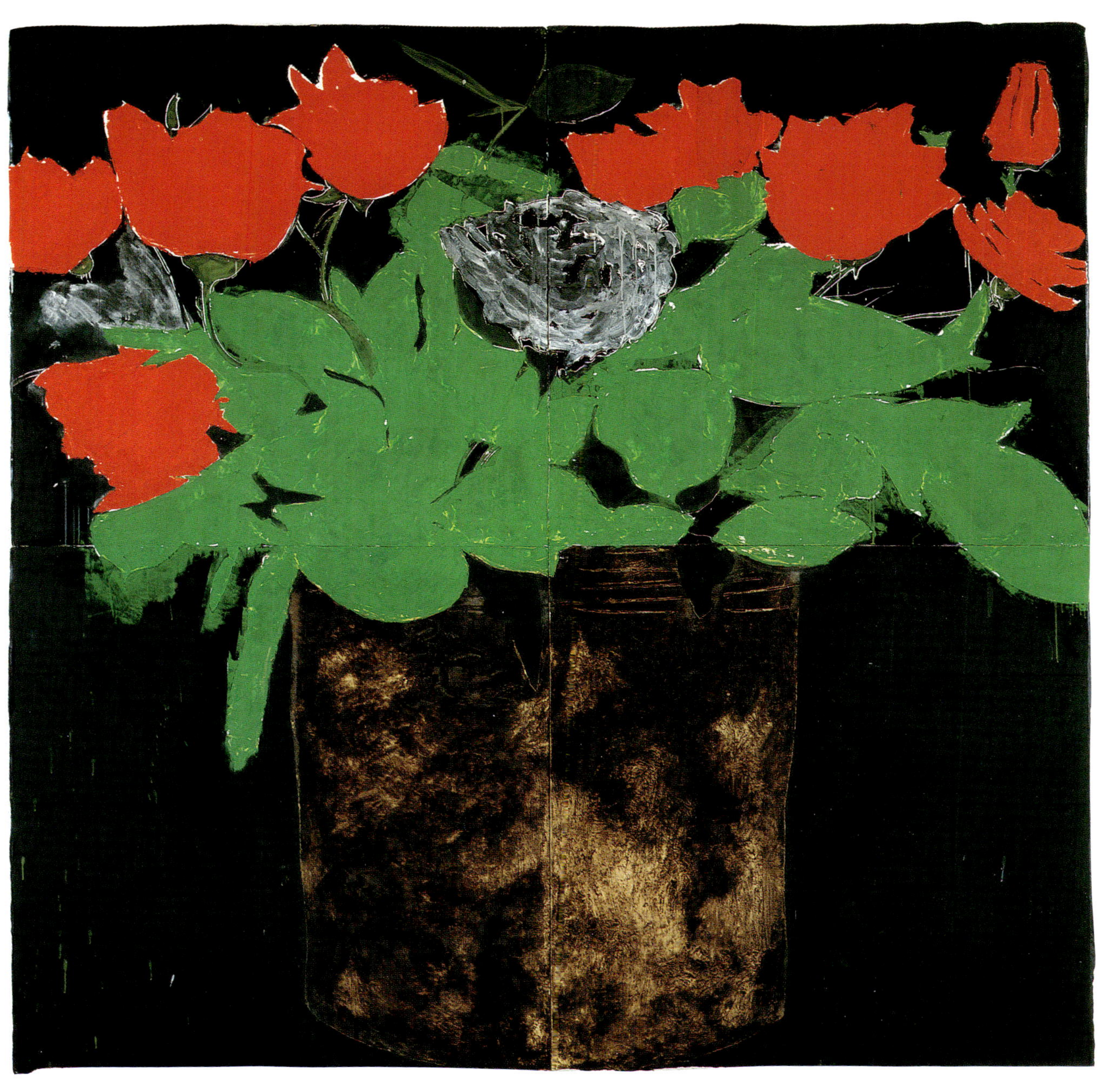

83. *Roses, August 13, 1986*, 1986.

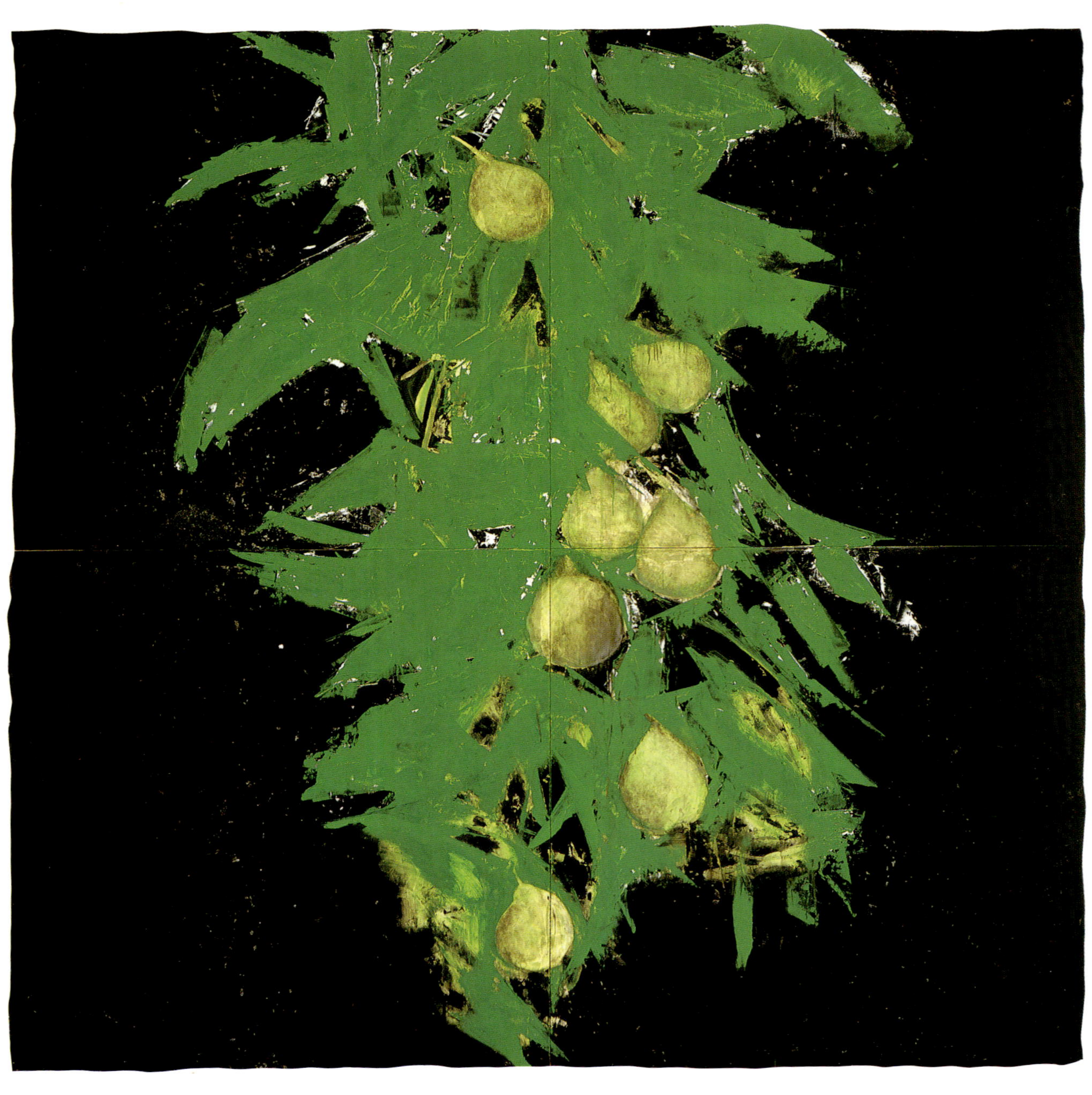

84. *Pears on a Branch, February 3, 1988*, 1988.

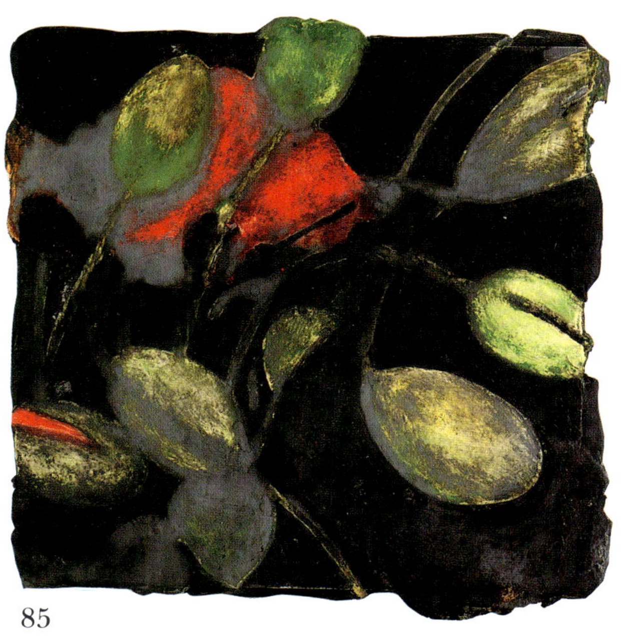
85

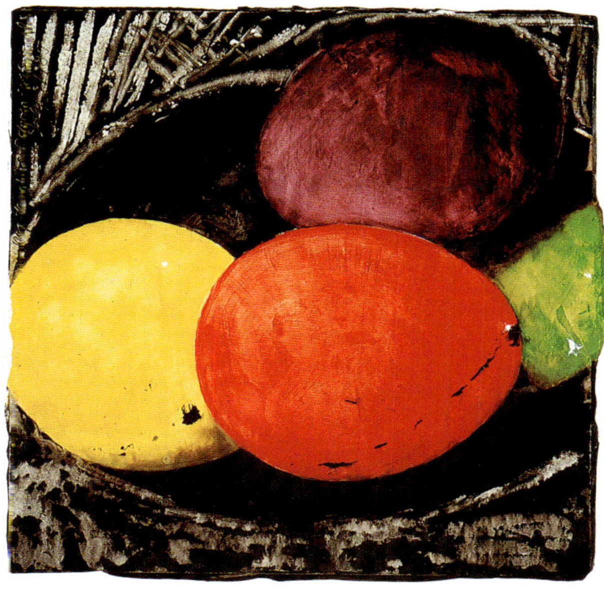
86

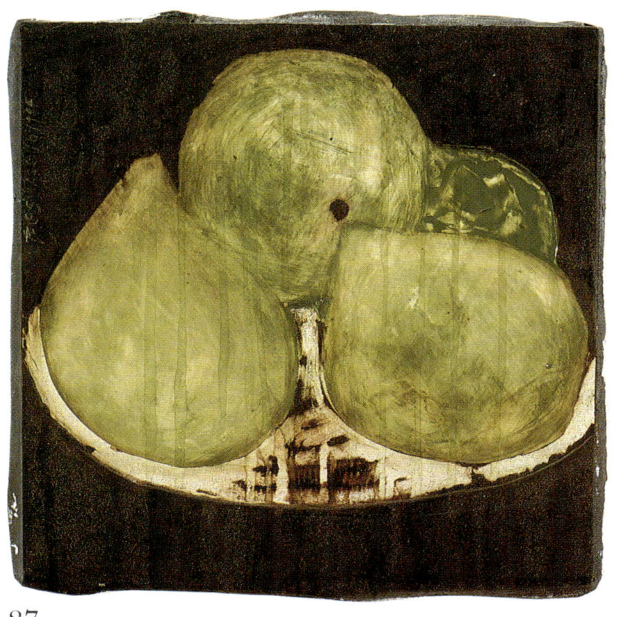
87

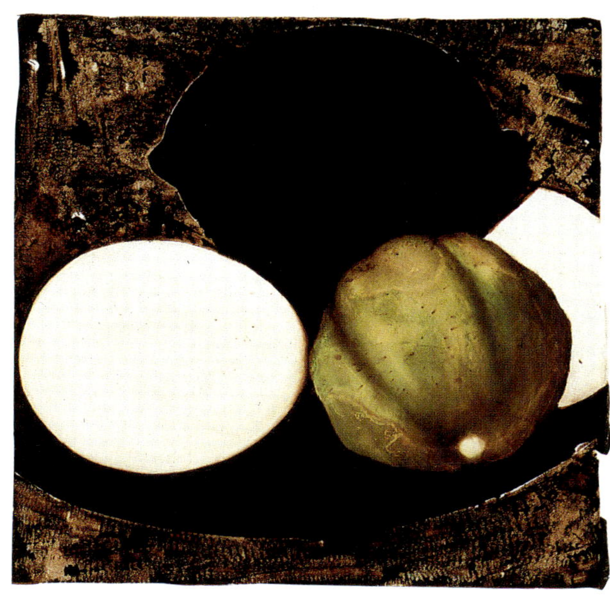
88

85. *Poppies, July 9, 1988*, 1988.
86. *My Daughter's colored Eggs, July 9, 1985*, 1985.
87. *Figs, August 16, 1984*, 1984.
88. *Two Eggs, a Lime and a Lemon, June 3, 1985*, 1985.

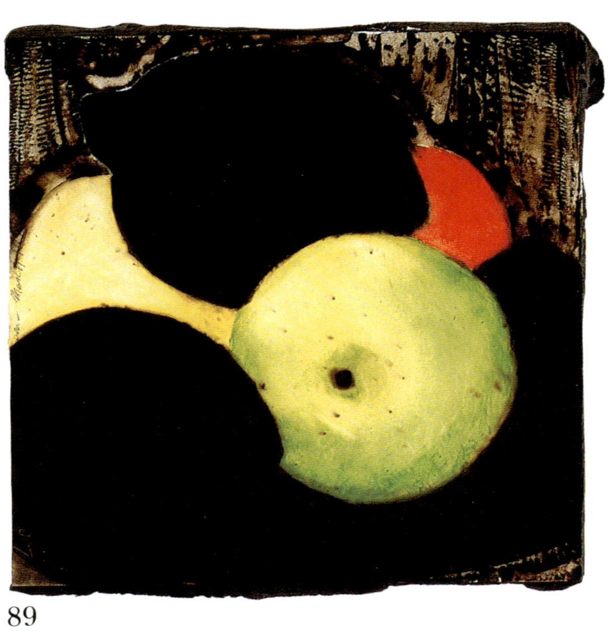

89

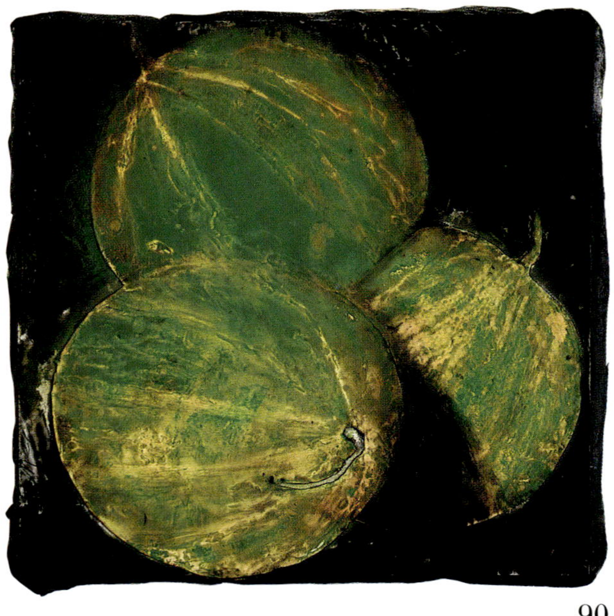

90

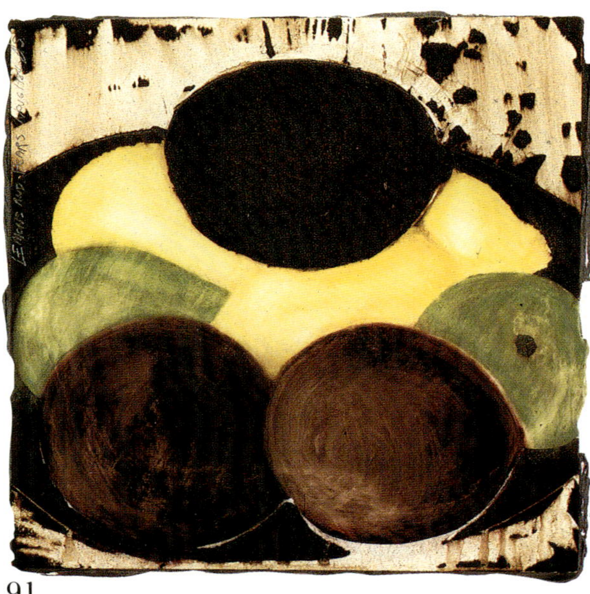

91

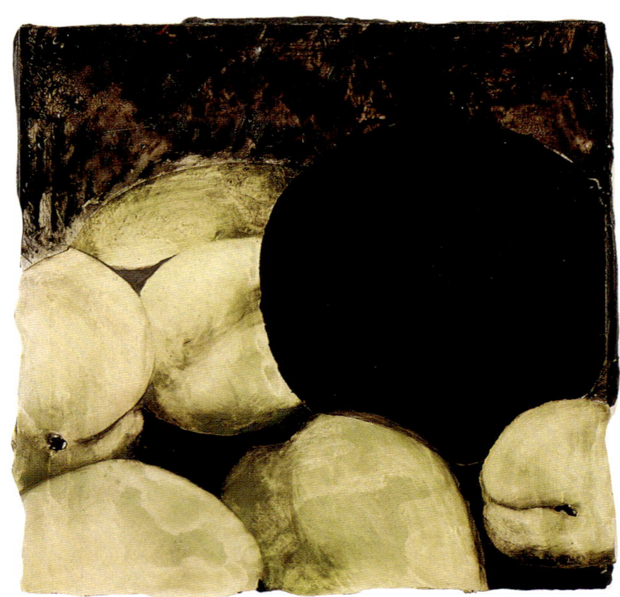

92

89. *Lemons, Apples and a Pear, March 11, 1985*, 1985.
90. *Melons, July 3, 1988*, 1988.
91. *Lemons and Pears, November 6, 1984*, 1984.
92. *Black Lemon and Almonds, November 10, 1986*, 1986.

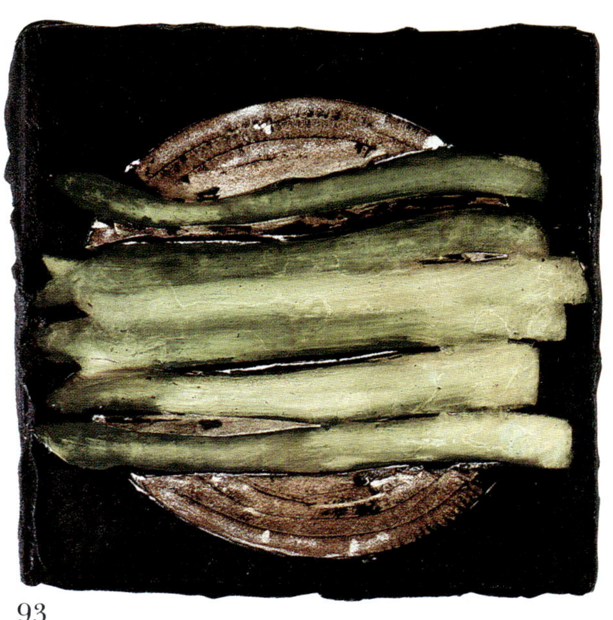
93

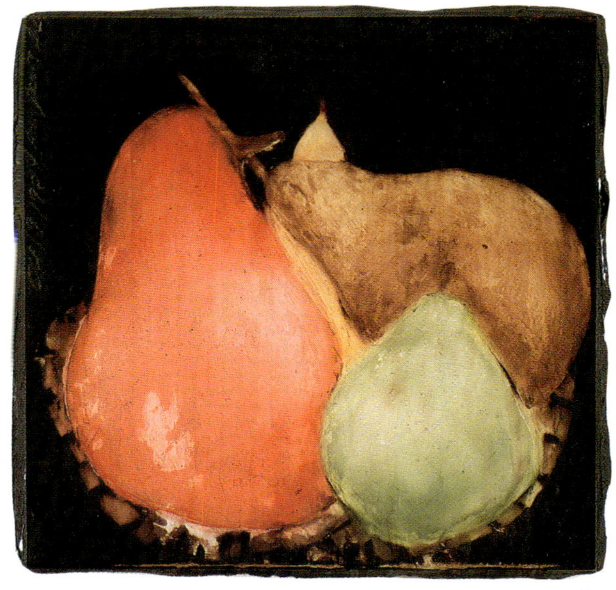
94

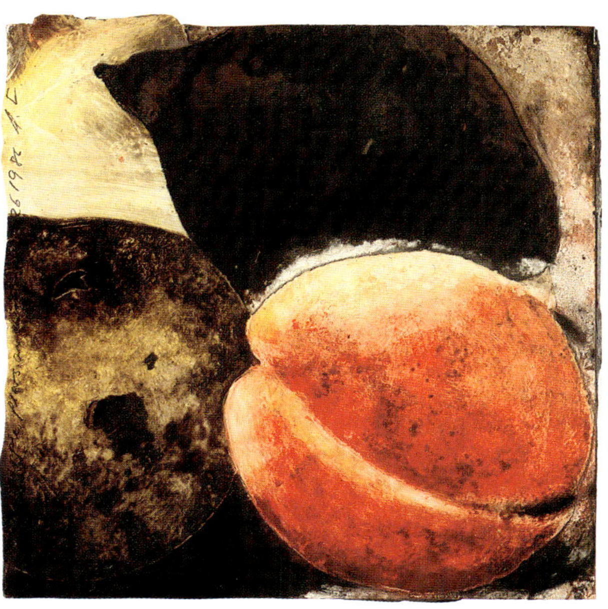
95

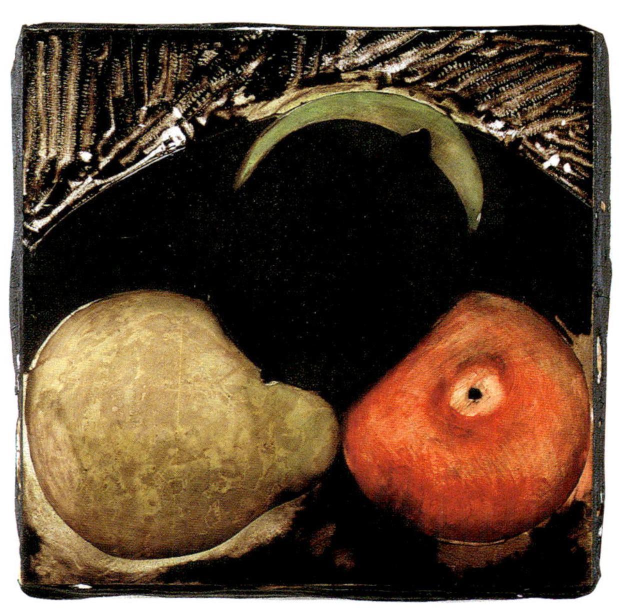
96

93. *Asparagus, May 3, 1984*, 1984.
94. *Fours Pears, October 19, 1984*, 1984.
95. *Peach, Apple, Pears and Lemons, August 26, 1986*, 1986.
96. *Two Apples, a Pear and a Lemon, February 21, 1985*, 1985.

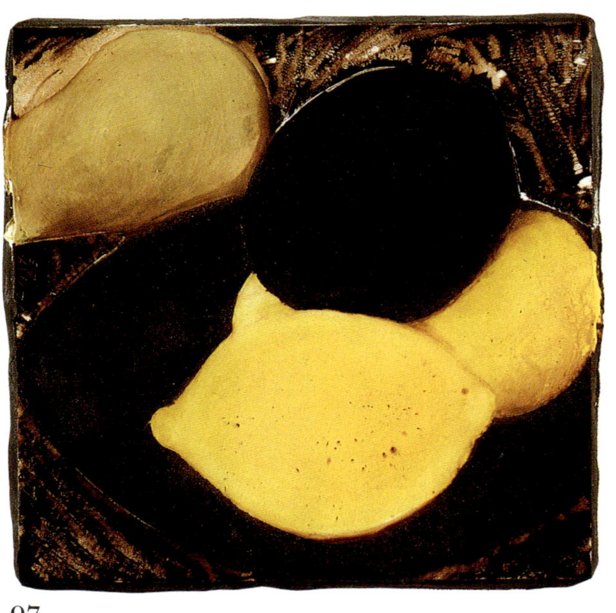

97

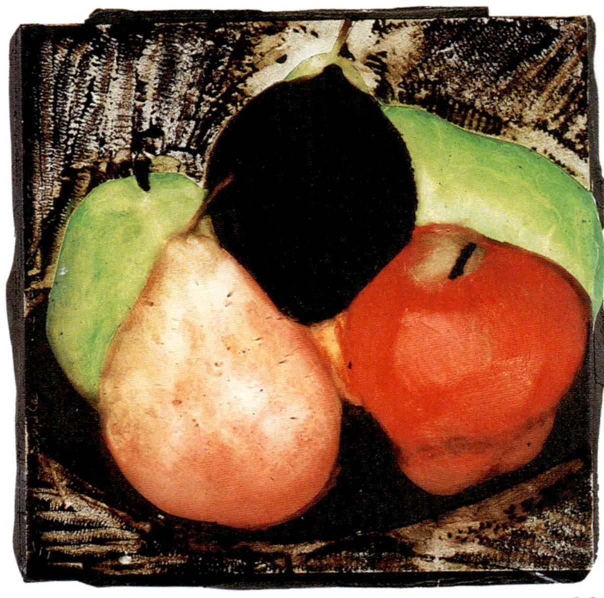

98

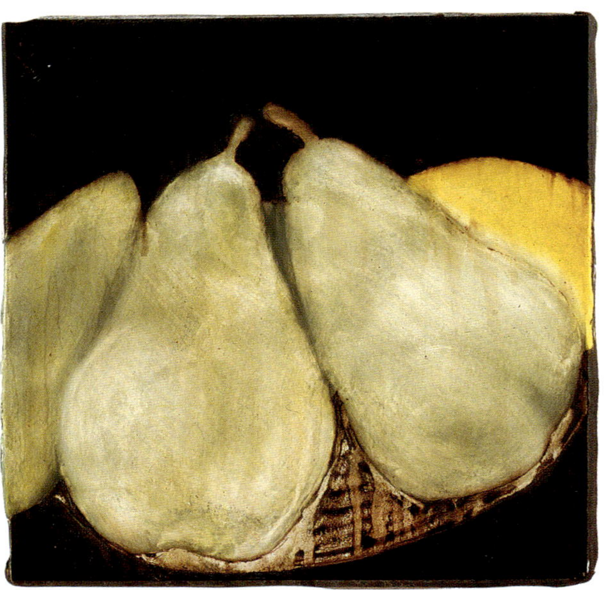

99

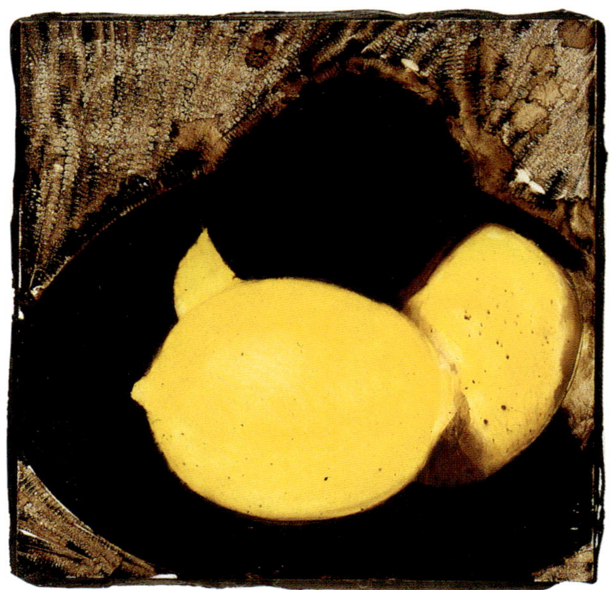

100

97. *Four Lemons and a Pear, November 21, 1984*, 1984.
98. *Five Pears, an Apple and a Lemon, December 14, 1984*, 1984.
99. *Pears and Lemons, August 9, 1984*, 1984.
100. *Four Lemons, January 2, 1985*, 1985.

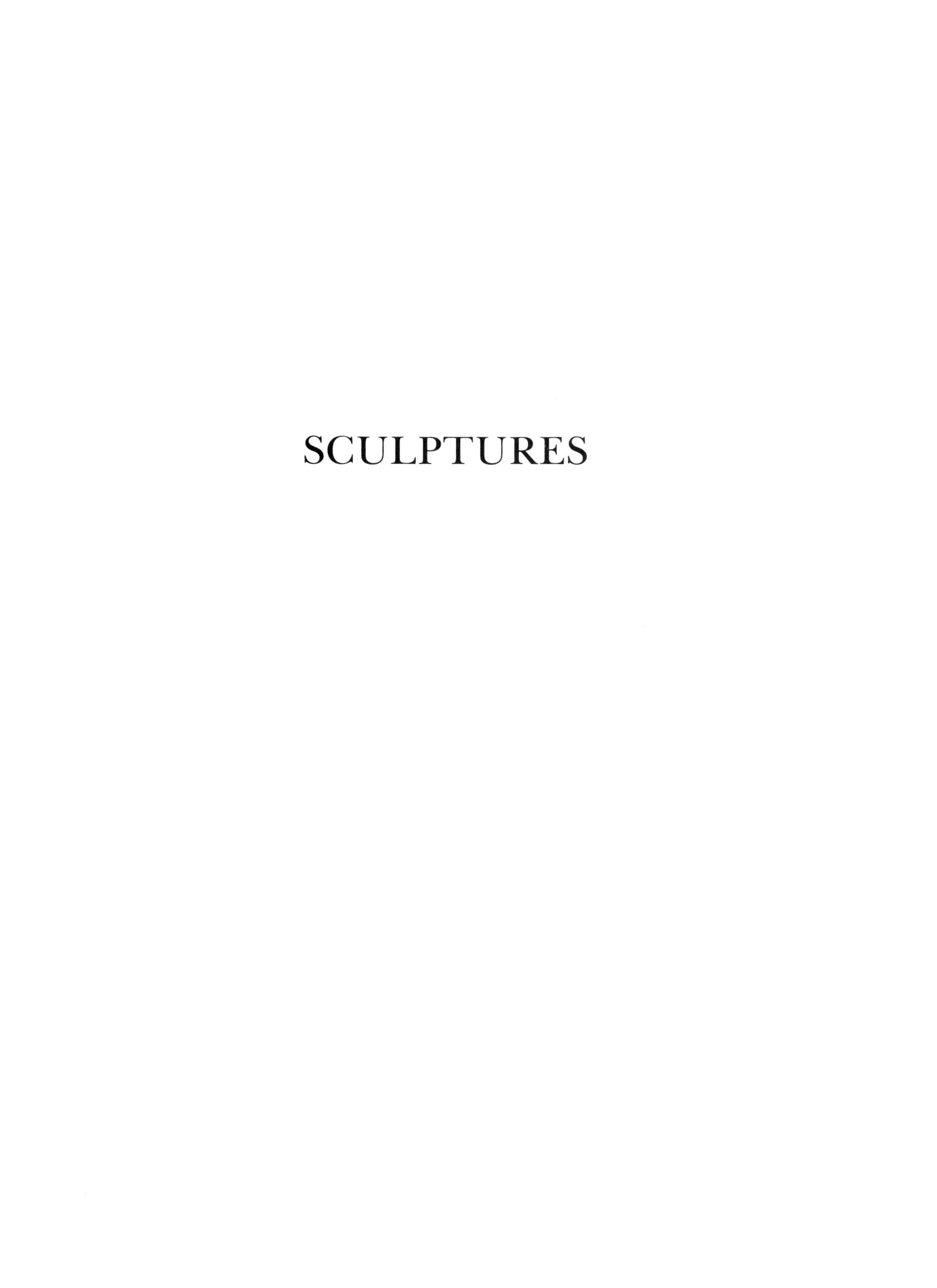

SCULPTURES

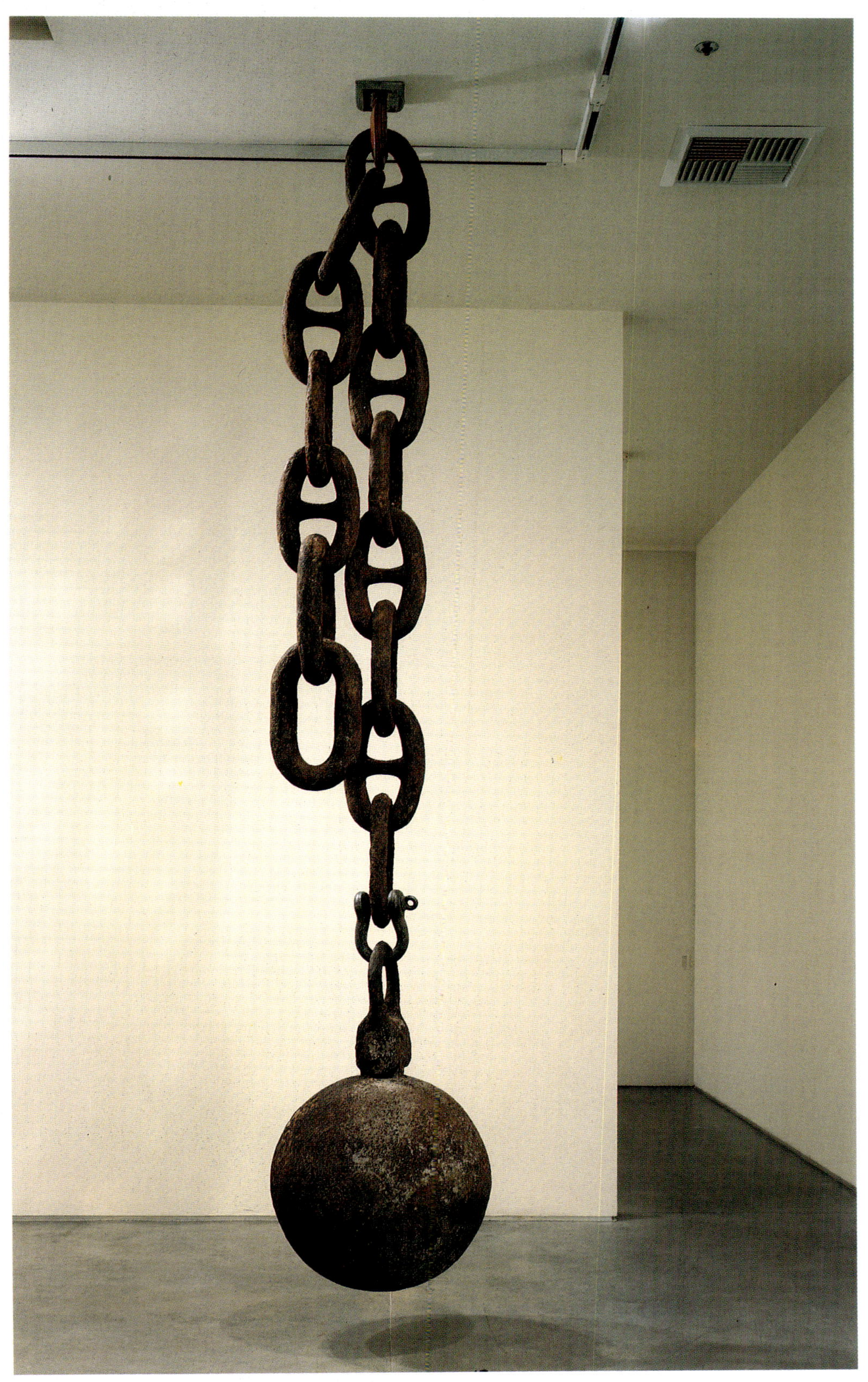

101. *3500 Lbs. Ball and Chain, March 1989*, 1989.

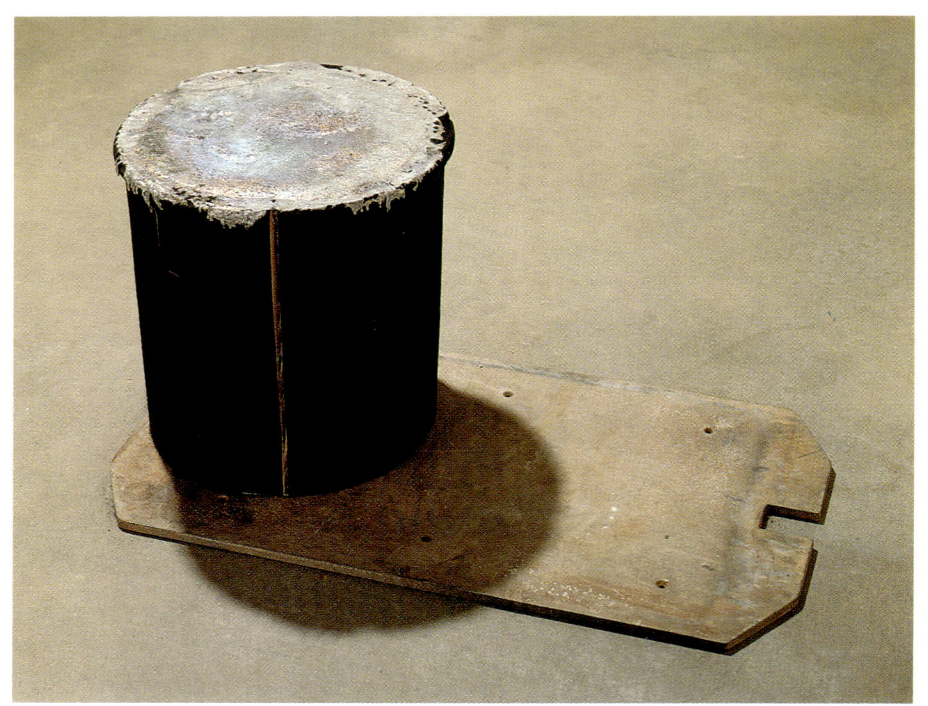

102

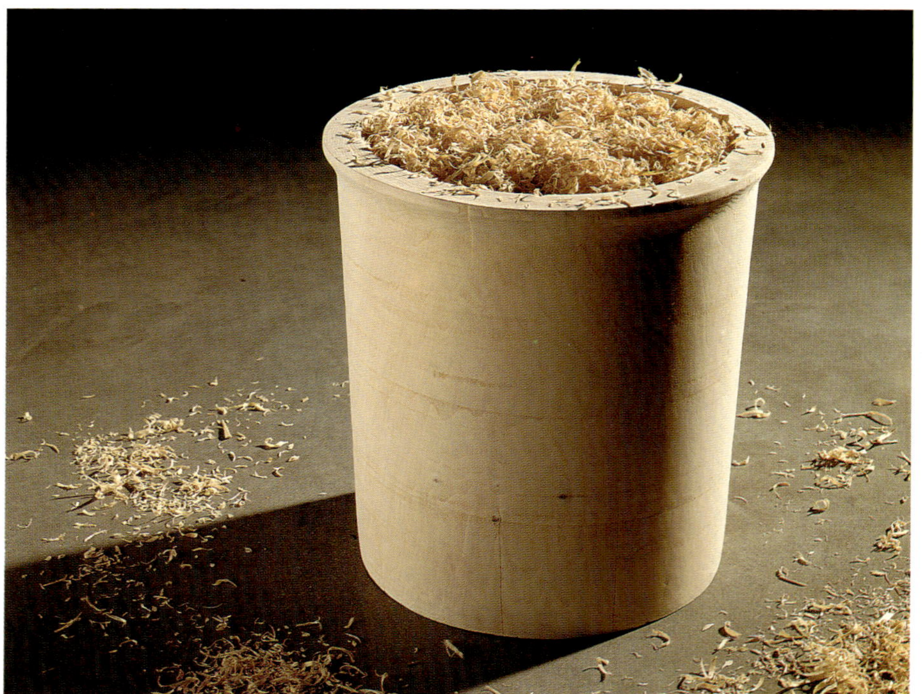

103

102. *600 Lbs. Wood and Lead 3 (Burned), March 1989*, 1989.
103. *21 Lbs. Wood and Wood, January 17, 1989*, 1989.

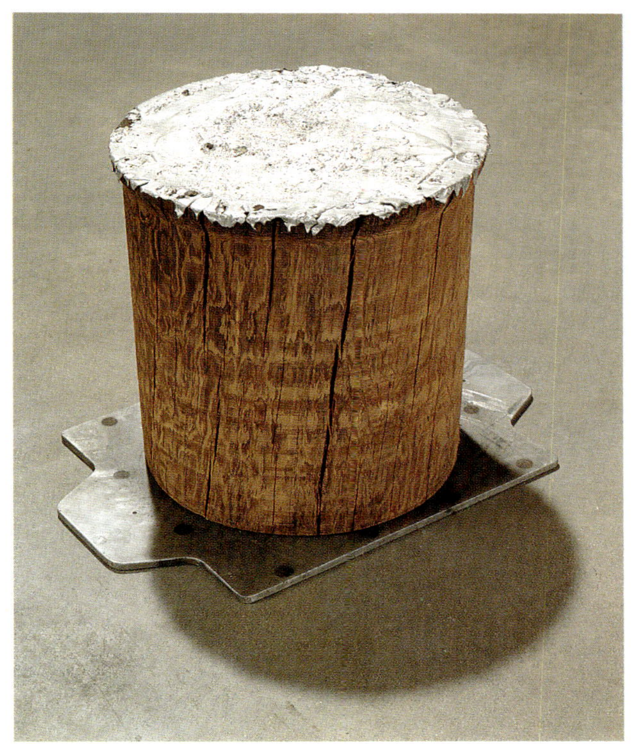

104

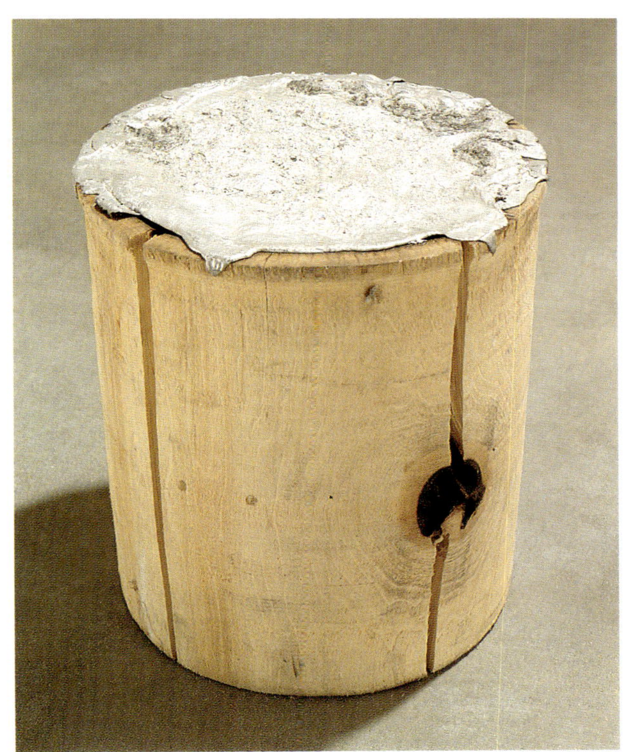

105

104. *600 Lbs. Wood and Lead 2, (Telephone Pole), January 17, 1989*, 1989.
105. *600 Lbs. Wood and Lead 1, January 17, 1989*, 1989.

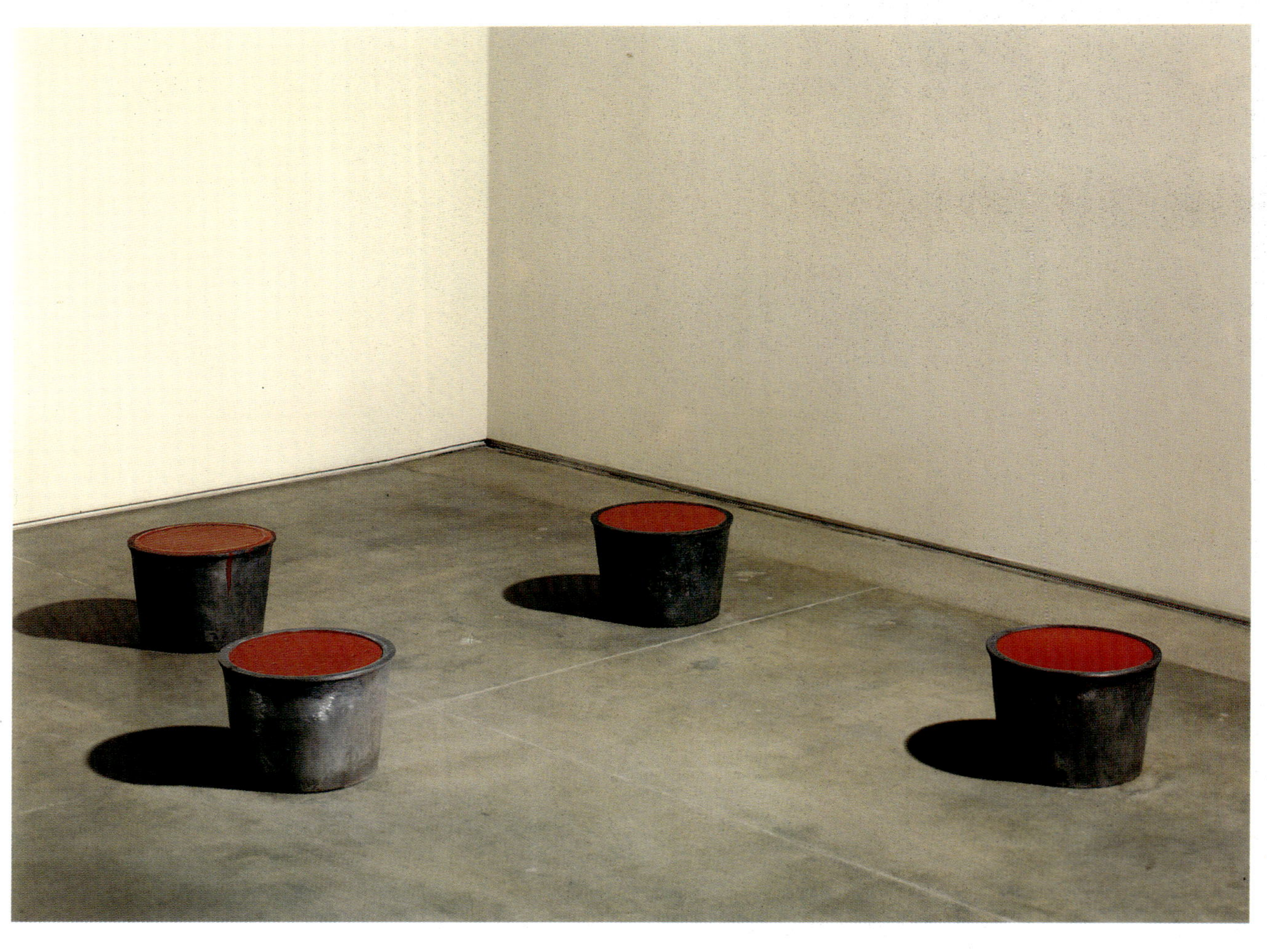

106. *1300 Lbs. Lead and Paint, March 1989*, 1989.

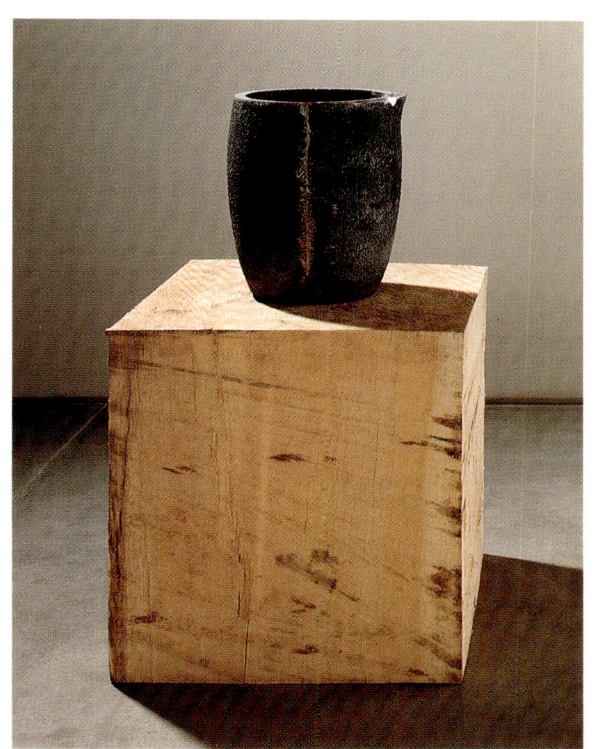

107

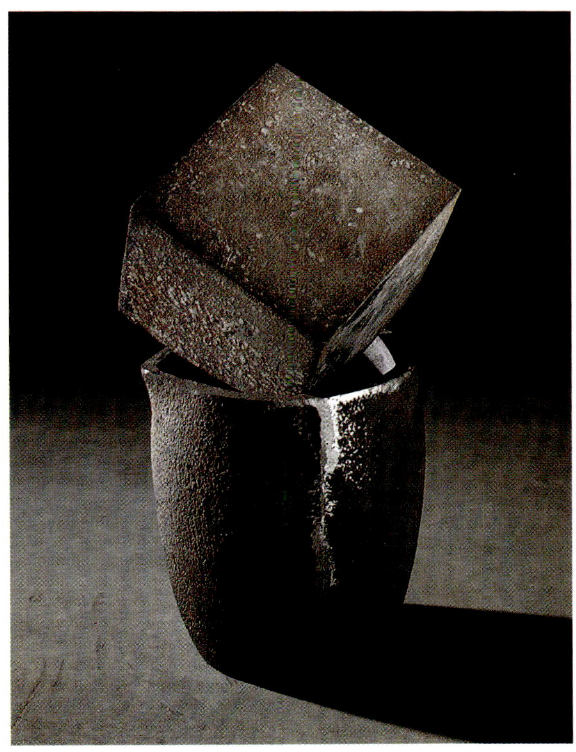

108

107. *444 Lbs. Iron and Wood (Displaced), March 1989*, 1989.
108. *444 Lbs. Iron and Iron (Displaced), March 1989*, 1989.

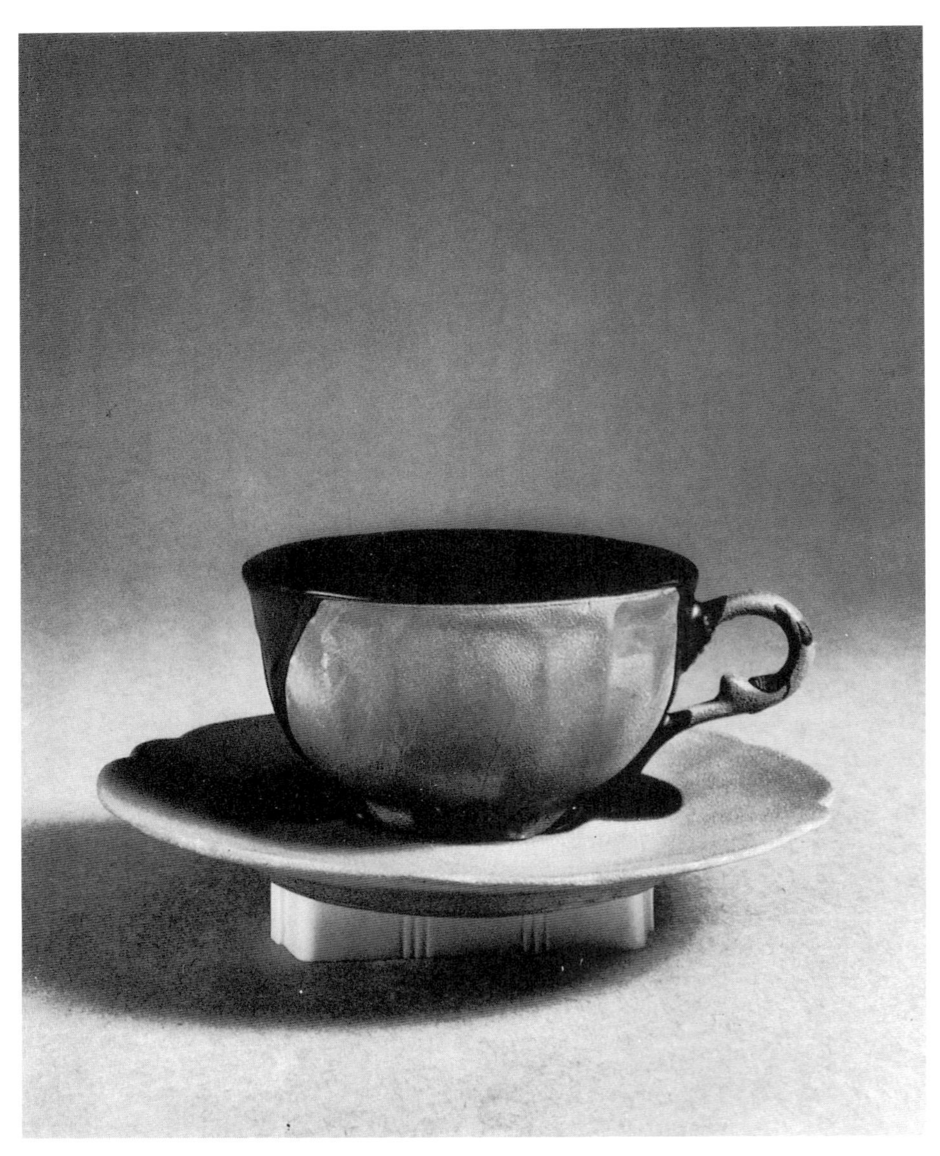

109. *Lead Teacup with Tar, February 10, 1989*, 1989.

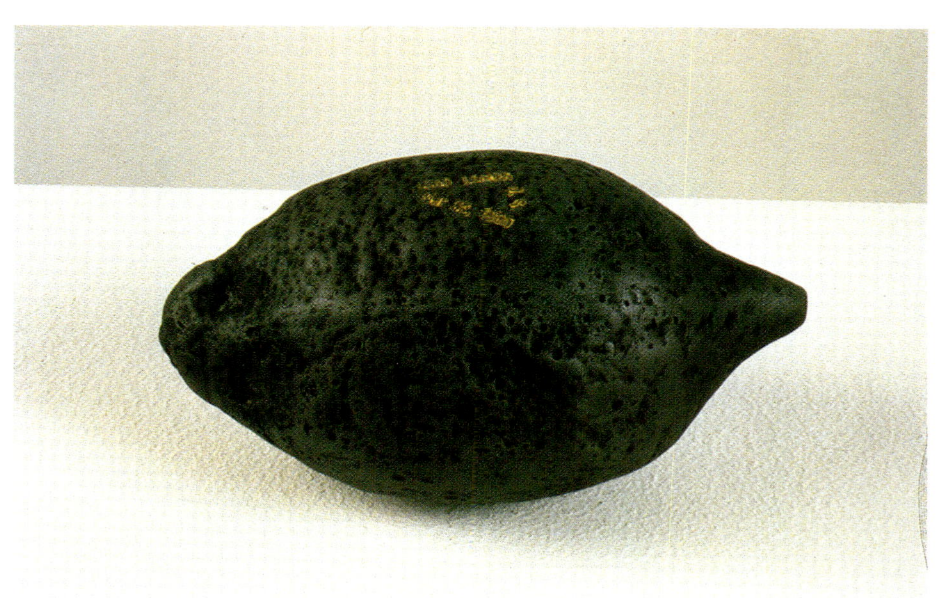

110. *Lead Lemon, March 25, 1985*, 1985.